"Ruhsal yaşamınızda ve önderl
ilerlemek istiyorsanız, bu kitabı okumaya zaman ayırın. Kutsal Kitap'a dayanmasının yanı sıra, pratik ve okuması kolay.
Yerel kiliseye ve onun başkalarını yetiştirmekteki rolüne yaptığı vurgu, bu kitabı diğer kitaplardan ayırıyor. Okuyun ve
başkalarıyla paylaşın."

   Ronnie Floyd, Başkan, Güney Baptist Konvansiyonu; Baş
   Pastör, Cross Kilisesi, Springdale, Arkansas

"Mark Dever sadık ve Tanrı'nın Sözü'nü iyi yorumlayan bir
vaiz olarak bilinir. Ama bilmediğiniz şey, Mark'ın amaçlı bir
şekilde öğrenci yetiştiren bir kişi olduğudur. İster Cumartesi
günü gönüllü önderlerle öğle yemeğinde Pazar günkü mesajının uygulama noktalarını tartışmak için bir araya geliyor
olsun, isterse bir grup genç stajyerle çalışmasında kilise yönetimini tartışıyor olsun, Mark başkalarından beklediği şeyleri
kendi yaşamıyla bizzat ortaya koyuyor. İnanıyorum ki, onun
vasiyeti sadece kitap sayfalarında kaleme alınmış olmayacak,
aynı zamanda kişisel olarak yatırım yaptığı adamların yüreklerinde yazılı olacak. Bu kitabı sadece okumayın. İçindeki
Kutsal Kitap'a dayalı ilkeleri uygulayın."

   Robby Gallaty, Baş Pastör, Long Hollow Baptist Kilisesi,
   Hendersonville, Tennessee

"Yazdıkları konularda tutkulu olan yazarların kitaplarını
okumayı seviyorum. Böyle kişilerin kitaplarını daha sonuna
kadar bile okumadan, onların örneklerini benimseyip sergiliyor gibi hissediyorum. Mark Dever'ı tanıyorsanız, onun adanmış bir öğrenci yetiştiricisi olduğunu bilirsiniz. Yetiştirme ondan taşar. Tüm bu sayfalarda, onu yetiştirmeye neyin teşvik
ettiğini, başkalarını Mesih öğrencisi olarak nasıl yetiştirdiğini

ve nasıl kilise üyelerinin aynısını yapmalarını sağladığını bulacaksınız. Bu kitabı okurken yaşam değiştiren bir tecrübeye hazır olun!"

Conrad Mbewe, Pastör, Kabwata Baptist Kilise, Lusaka, Zambiya

"Bu kitap, Mesih'in izleyicilerini başkalarını yetiştirme çağrısı konusunda ikna ediyor, yüreklendiriyor ve onlara yol gösteriyor. Ayrıca bu çağrının, bir pastörün ve topluluğunun yaşamında samimi örneklerle nasıl sergilendiğini de gösteriyor. Mark Dever bizi Kutsal Yazılar'a götürüyor ve özellikle kilise önderleri ve herkese gösterilen dikkat konularına odaklanarak, köklerimizi kiliseye atmamızı sağlıyor. Bu kulağa mantıklı geliyor ama başkalarını yetiştirme sürecinin her imanlının net ve sevinç dolu çağrısı olduğunun bize hatırlatılmasına ihtiyacımız var."

Kathleen B. Nielson, Women's Initiatives Müdürü, The Gospel Coalition

"Basit ama derin bir anlayışla, Mark Dever İsa'nın öğrencilerine verdiği son buyruğunu alıp, bize bunun bugün bizim ve kiliselerimiz için ne demek olduğunu öğretiyor. Pastör Mark—öğrenci yetiştirmenin neden, ne, nerede ve nasıl olmak üzere—sorularımızı yanıtlıyor ve böylece bize, başkalarına Mesih'i izlemede yardımcı olarak, gerçeği bilerek ve gerçeği iyi bir şekilde yaşayarak nasıl Mesih'i izleyeceğimiz konusunda rehberlik ediyor. Mesih'i izleyen herkes bu kitabı okumalı! Öğrenci yetiştirme hakkında okuduğum en iyi kitap."

Jani Ortlund, Başkan Vekili, Renewal Hizmetleri; yazar, *Fearlessly Feminine* ve *His Loving Law, Our Lasting Legacy*

"İşte öğrenci yetiştirmenin özüyle ilgili pratik tavsiyelerle dolu, kiliseyi güçlendiren bir kitap. Dever'ın İsa'ya ve halkına olan sevgisi kitap boyunca ışıldıyor ve öğrenci yetiştirmeyi yerel kilisenin bağlamı ve sınırları içerisine sıkıca yerleştirmesi, klasikleşmiş Dever kilise bilimidir. Dever'ın pastörlere yönelik keskin bir odağı var ve samimi ve net bir şekilde rolleri hakkında konuşuyor. Diğer tüm sorumluluklarının arasında öğrenci yetiştirmeye öncelik vermesiyle bilinen Dever, bana da şahsen meydan okumuş oldu. Mark yapıyorsa, ben de yapabilirim!"

Grant J. Retief, Papaz, Christ Kilisesi, Umhlanga, Durban, Güney Afrika

"Dever okuyuculara öğrenci yetiştirmenin, Mesih'in buyruğuna itaatten ve başkalarına olan sevgiden doğan bir zorunluluk olduğunu ve bunun seçkin birkaç kişiye ait olmadığını hatırlatıyor. Öğrenci yetiştirme, kişiyi projeye dönüştürmez, aksine insanlarla bilinçli (maksatlı) olarak bir ilişki geliştirmeye çalışır. İsa'yı izlemekle ilgilenen ve buna motive olan kişilerin yaşamlarına zaman yatırımında bulunmayı gerektirir. Nihayetinde, sadece gerçekten alçakgönüllü olan öğretmenler İsa'nın koyunlarını yetiştirmelidir çünkü 'eğitimini tamamlayan her öğrenci, öğretmeni gibi olacaktır.' Vurguladığım bu noktalar ve daha fazlası bu kitapta bulunuyor. Okuduktan sonra, büyük olasılıkla başkalarına da önereceksiniz. Biliyorum ki ben önereceğim."

Miguel Núñez, Baş Pastör, Santo Domingo Uluslararası Baptist Kilisesi; Başkan, Wisdom and Integrity

ÖĞRENCİ YETİŞTİRME

BAŞKALARININ ISA'YI İZLEMESİNE NASIL YARDIMCI OLURUZ?

MARK DEVER

KARANLIKTAN IŞIĞA YAYINLARI

Davutpaşa Cad. Kazım Dinçol San. Sit.
No: 81/87 Topkapı, İstanbul – Türkiye
info@karanliktanisiga.com
www.karanliktanisiga.com
Tel: (0212) 567 89 93

Kitap: Öğrenci Yetiştirme
Özgün Adı: Discipling
Yazar: Mark Dever
Çevirmen: Ilgaz Göğüş
Çeviri Editörü: Samet Şahin
Mizanpaj: Aysun Alsancak

9Marks ISBN: 978-1-958168-99-8
T.C. Kültür ve Turizm Bakanlığı Sertifika No: 52351

Baskı: Anadolu Ofset – Tel: (0212) 567 89 92
Davutpaşa Cad. Kazım Dinçol San. Sit.
No: 81/87 Topkapı, İstanbul – Türkiye
Şubat 2023

ÖĞRENCİ YETİŞTİRME

BAŞKALARININ İSA'YI İZLEMESİNE YARDIMCI OLMAK

MARK DEVER

KARANLIKTAN
IŞIĞA YAYINLARI

İÇİNDEKİLER

SERİYE DAİR ÖNSÖZ

Sağlıklı bir kilise inşa etmeye yardımcı olmanın sizin sorumluluğunuz olduğuna inanıyor musunuz? Eğer bir Hristiyan'sanız, biz öyle olduğuna inanıyoruz. İsa size öğrenciler yetiştirmenizi buyurur (Mat. 28:18–20). Yahuda kendinizi imanınızın temeli üzerinde geliştirmenizi söyler (Yah. 20-21). Petrus sizi armağanlarınızı başkalarına hizmet etmek için kullanmaya çağırır (1.Pe. 4:10). Pavlus kilisenizin olgunlaşmasını sağlamak için sevgide gerçeği söylemenizi söyler (Ef. 4:13, 15). Bu sorumluluğu nereden aldığımızı görüyor musunuz?

İster bir kilise üyesi, isterse de önder olun, Sağlıklı Kiliseler İnşa Etmek adlı kitap serisi, Kutsal Kitap'ın bu tür buyruklarını yerine getirmenize ve böylece sağlıklı bir kilise inşa etmede üstünüze düşen rolü oynamanıza yardımcı olmayı amaçlamaktadır. Bunu söylemenin bir başka olası yolu da şu ki, bu kitapların sizin kilisenizi, İsa'nın onu sevdiği gibi sevme noktasında büyümenize yardımcı olacağını umuyoruz.

9Marks Hizmetleri, Mark Dever'ın sağlıklı bir kilisenin dokuz işareti olarak adlandırdığı maddelerin her biri üzerine kısa, okunabilir bir kitap ve bir de sağlam öğreti üzerine bir kitap çıkarmayı planlıyor. Açıklayıcı vaaz, Kutsal Kitap teolojisi, Müjde, Mesih'e dönme, müjdeleme, kilise üyeliği, kilise disiplini, öğrenci yetiştirme, büyüme ve kilise önderliğiyle ilgili kitapların takipçisi olun.

ÖĞRENCİ YETİŞTİRME

Yerel kiliseler, Tanrı'nın yüceliğini uluslara sergilemek için vardır. Bunu, gözlerimizi İsa Mesih'in Müjdesi'ne odaklayarak, kurtuluş için sadece O'na güvenerek ve sonra Tanrı'nın kendi kutsallığı, birliği ve sevgisiyle birbirimizi severek yaparız. Elinizde tuttuğunuz kitabın bu yolda yardımcı olması için dua ediyoruz.

Umutla,
Mark Dever ve Jonathan Leeman
Seri editörleri

GİRİŞ

Eşim yıllarca, benim yön sorma konusundaki isteksizliğime katlanmak zorunda kaldı. Gördüğünüz gibi, kendimi doğuştan yön yeteneğine sahip biri olarak biliyorum! Elbette, bunun anlamı şu ki, bazen kendime duyduğum güven doğru yola ilişkin bilgimi geride bırakıyor. Eşimin benim için dediği gibi, "Özgüven her zaman, haklılık bazen."

Kendi işini kendi görmek isteyen tek kişi ben değilim. İnsanların Robert Frost'un şu sözünü çok severler: "Ormanda yol ikiye ayrıldı ve ben, ben daha az gidilen yolu seçtim ve tüm farka bu sebep oldu." Henry David Thoreau demiştir: "Bir adam yanındaki arkadaşlarının ritmine uyum sağlamıyorsa, bu belki başka bir davulcuyu duyduğundandır." Ayrıca William Ernest Henley meşhur sözünde şöyle demiştir: "Ben kaderimin efendisiyim: ben ruhumun kaptanıyım."

Kendi bağımsızlıklarına düşkün olan sadece şairler ve yazarlar değildir. Robert Putnam, *Bowling Alone* adlı kitabında nüfusun çoğunluğunun kulüplerinden, sivil derneklerinden ve yerel kiliselerinden kopmakta olduğunu söyler. Aile üyelerinin yemek masasında birbirleriyle ilgilenmeyip arkadaşlarına mesaj atmaları, günümüzün meşhur resmi olmuştur ve Sherry Turkle'ın *Alone Together: Why We Expect More from Technology and Less from Each Other* (Neden Teknolojiden Daha Fazlasını, Birbirimizdense Daha Azını Bekliyoruz?) adlı kitabının başlığında da bunu görebiliriz. Aynı şekilde Eric Klinenberg de *Going Solo*'da[1] adlı kitabında insanların gitgide daha çok yalnız yaşamayı seçtiklerini söylemektedir.

Klinenberg şöyle yazar:

> Örneğin, 1950'de sadece 4 milyon Amerikalı yalnız yaşardı ve bu kesim, tüm hanelerin yüzde 10'undan azını oluşturuyordu. Bugünse, 32 milyondan fazla Amerikalı yalnız yaşıyor. Bu kesim ulusal düzeyde tüm hanelerin yüzde 28'ini; San Francisco, Seattle, Atlanta, Denver ve Minneapolis dahil olmak üzere şehirlerin yüzde 40'ından fazlasını; ve yalnızların ikiz başkenti olan Washington D.C. ve Manhattan'ın neredeyse yüzde 50'sini oluşturuyor.[2]

Bu akım sadece Amerika'da görülen bir şey değil. Klinenberg'e göre, İsveç'in Stockholm kentindeki tüm hanelerin yüzde 60'ında tek kişi bulunuyor.[3]

Neler oluyor? Klinenberg birçok yerde, insanların hane alanlarına daha az değer verdiklerini, bunun yerine hizmet ve olanakların —dükkanlar, restoranlar ve spor salonları vs.— yakınlığına önem verdiklerini ifade ediyor. Onun deyimiyle "tek kişiciler", her şeyi yeniden şekillendirerek kendilerine uyarlıyorlar. Oysa toplumsal bağlılıkların sökülebilir ve geçici olması gerekiyor.

---

[1] Robert D. Putnam, *Bowling Alone: The Collapse and Revival of American Community* (New York: Simon & Schuster, 2000); Sherry Turkle, *Alone Together: Why We Expect More from Technology and Less from Each Other* (New York: Basic Books, 2011); Eric Klinenberg, *Going Solo: The Extraordinary Rise and Surprising Appeal of Living Alone* (New York, Penguin, 2012).

[2] Klinenberg, Going Solo, 208.

[3] Ibid.

Giriş

Günümüz iPhone, iPad, iTunes günü, yani tümüyle "i" (İngilizcede "ben") yaşamıdır. Ancak bu ben-yaşamında, Hristiyanlığın *biz*-yaşamına yer var mıdır?

Hristiyanlığın kalbinde, Tanrı'nın bir grup insanın O'nun karakterini sergilemesine yönelik arzusu vardır. Bu insanlar bunu O'nunla ve birbirleriyle olan ilişkilerinde Tanrı Sözü'ne itaat ederek yaparlar. Tanrı bundan dolayı, kendisinin ardından gidecek bir halk çağırmak üzere Oğlu'nu göndermiştir. Oğul'u izlemenin bir kısmı da, daha fazla kişiyi Oğul'u izlemeye çağırmaktır. Böylece, bu kişiler Baba, Oğul ve Ruh'un *biz*-yaşamını birlikte sergileyebilirler. Birlikte Tanrı'nın sevgisini, kutsallığını ve birliğini gösterirler.

Tanrı'nın Oğlu, dolayısıyla, göğe yükselmeden önce şu son buyruğu vermiştir: *gidin, bütün ulusları öğrencilerim olarak yetiştirin* (Mat. 28:19). Diğer bir deyişle, bu kişiler yaşamlarını başkalarının İsa'yı izlemesine yardımcı olmaya adamalıdırlar.

Bu kitapta işlenen öğrenci yetiştirme tanımı budur: başkalarının İsa'yı izlemesine yardımcı olmak. Bunu kitabın alt başlığında da görebilirsiniz. Öğrenci yetiştirmenin yapabileceğimiz bir başka tanımı da şöyle olabilir: öğrenci yetiştirme, bir kişinin Mesih'e daha çok benzemesi için, o kişiye bilinçli bir şekilde ruhsal anlamda iyilik etmektir. Öğrenci*lik* terimini kendimizin Mesih'i izlemesi anlamında kullanıyorum. Öğrenci *yetiştirme*yse, bu terimin altında yer alan bir terim olmakla birlikte, başkalarının Mesih'i izlemesine yardımcı olmayı ifade ediyor.

Hristiyan yaşamı öğrenci olma ve öğrenci yetiştirme yaşamıdır. Evet, Hristiyanlık daha az gidilen yoldan gitmeyi ve farklı bir davulcuyu duymayı içerir. Ama Frost ve Thoreau'nun ima ettiği biçimde değil. Hristiyanlık yalnızlığı sevenler ya da bireyci olanlar için değildir. Yaşama götüren dar yoldan birlikte giden insanlar içindir. Hem izlemeli, hem de öncülük etmelisiniz. Hem sevilmeli, hem de sevmelisiniz. Başkalarını sevmemizin en iyi şekli, onların yaşama giden yolda İsa'yı izlemelerine yardımcı olmaktır.

Sizin bugüne dek Hristiyanlığın ve Hristiyan olmanın ne demek olduğunu anlama şekliniz bu mu oldu?

ÖĞRENCİ NEDİR?

Başkalarını yetiştirmeden önce, kendimiz öğrenci olmalıyız. Mesih'i izliyor olduğumuzdan emin olmalıyız.

Öğrenci nedir? Öğrenci, bir izleyicidir. Bunu birisinin öğretilerini uzaktan izleyerek de yapabilirsiniz. Örneğin, birisi Gandi'nin öğretilerini ve karakterini izlediğini söyleyebilir. Mesih'in öğrencisi olmak da en azından bu kadarını ifade eder. Bir İsa izleyicisi, İsa'nın öğrettiği ve yaşadığı şekilde hareket ederek, İsa'nın adımlarının izinden gider. Ama sadece bu kadarla kalmaz. İsa'yı izlemek öncelikle O'nunla kişisel, kurtaran bir ilişkiye başlamak demektir. Kutsal Kitap'ın da belirttiği gibi, "Mesih'le birleştiniz" (Flp. 2:1). O'nun kanıyla gerçekleşen yeni antlaşma aracılığıyla birleştiniz. O'nun ölümü ve dirilişi aracılığıyla, sizin tüm günah suçunuz O'nun olurken, O'nun tüm doğruluğu da sizin oldu.

Diğer bir deyişle, Mesih'in öğrencisi olmak bizim *yaptığımız* bir şeyle başlamaz. Mesih'in *yapmış olduğu* bir şeyle başlar. İsa, koyunları uğruna canını veren İyi Çoban'dır (Yu. 10:11). Kiliseyi sevmiş ve onun uğruna kendisini feda etmiştir (Ef. 5:25). Kendisi hiçbir şey borçlu değilken, bize ait olan borcu ödemiş ve bizi kutsal halkı olarak kendisiyle birleştirmiştir.

Gördüğünüz gibi, Tanrı iyidir ve bizleri de iyi olarak yaratmıştır. Ancak her birimiz Tanrı'dan ve O'nun iyi yasasından yüz çevirerek günah işledik. Tanrı iyi olduğu için, günahlarımızı cezalandıracaktır. Ancak Hristiyanlığın Müjdesi, İsa'nın bizim yaşamamız gereken kusursuz yaşamı yaşadığı ve sonrasında bizim çekmemiz gereken ölümle yüzleştiğidir. Günahlarından tövbe edip yalnızca O'na güvenen herkesin yerine kendisini kurban olarak sunmuştur. İsa'nın, kanıyla gerçekleştirdiğini söylediği yeni antlaşma budur.

Hristiyan öğrenciliği, bu karşılıksız armağanı kabul ederek başlar: lütuf, merhamet, Tanrı'yla bir ilişki ve sonsuz yaşam vaadi.

Bu armağanı nasıl kabul eder ve kendimizi O'nunla birleştiririz? İman aracılığıyla! Günahlarımızdan döner, Kurtarıcı ve Rab olarak O'na güvenerek O'nun ardından gideriz. İsa hizmetini sürdürürken bir seferinde kalabalığa dönüp şöyle dedi: "Ardımdan gelmek isteyen kendini inkâr etsin, çarmıhını yüklenip beni izlesin" (Mar. 8:34).

Mesih'in öğrencisi olmamız şu iki sözcüğü duyup itaat ettiğimizde başlar: "Ardımdan gel."

Sevgili dostum, eğer bir Hristiyan olacaksan, bugüne dek işittiğin herhangi bir öğretmen bunu nasıl ifade eder bilmem ama İsa'yı dinle. İsa, Hristiyan olmanın kendini inkâr etmeyi, çarmıhını yüklenmeyi, O'nu izlemeyi içerdiğini söylemektedir. Tanrı'nın bize karşı radikal sevgisine verilecek temel karşılık, O'nu radikal bir şekilde sevmemizdir.

Hristiyan olmak, öğrenci olmak demektir. Öğrenci olmayan Hristiyan yoktur. İsa'nın öğrencisi olmak da İsa'yı izlemek demektir. İsa'yı izlemeyen İsa öğrencisi yoktur. Bir kamuoyu anketinde bir kutucuğu işaretlemen ya da kendini ailenin diniyle etiketlemen ya da diğer dinlerdense Hristiyanlığı tercih etmen... bunların hiçbiri seni bir Hristiyan yapmaz. Hristiyanlar, Mesih'e gerçekten iman eden ve umutlarını, korkularını ve yaşamlarını tümüyle O'na teslim eden kişilerdir. O nereye yönlendirirse yönlendirsin, O'nu izlerler. Artık kendi yaşamının gündemini sen belirlemezsin; İsa Mesih bunu yapar. Artık O'na aitsin. Pavlus, "Kendinize ait değilsiniz" der, "Bir bedel karşılığı satın alındınız" (bkz. 1.Ko. 6:19–20). İsa sadece Kurtarıcımız değildir; O, Rabbimiz'dir (Efendimiz'dir).

Pavlus bunu şöyle açıklamıştır: "Evet, Mesih herkes için öldü. Öyle ki, yaşayanlar artık kendileri için değil, kendileri uğruna ölüp dirilen Mesih için yaşasınlar" (2.Ko. 5:15). Kendine ölüp O'nun için yaşamak ne demektir? Don Carson şöyle demiştir: "Kendine ölmek, şehvettense ölmenin daha iyi olduğunu düşünmek, yalan söylemektense ölmenin daha iyi olduğunu düşünmek, … [günahın adını siz koyun] yapmaktansa ölmenin daha iyi olduğunu düşünmek demektir."

Hristiyan yaşamı öğrenci olma yaşamıdır. Mesih'in öğrencisi olmakla başlar.

NEDEN ÖĞRENCİ YETİŞTİRMEK?

Ancak Hristiyan yaşamı aynı zamanda öğrenci yetiştirme yaşamıdır. Öğrenciler öğrenci yetiştirir. Başkalarını O'nu izlemeye çağırmamızla, bizi kendisini izlemeye çağıran Kişi'yi izleriz. Bunu neden yaparız? Sevgi ve itaat uğruna.

Sevgi. Başkalarını öğrenci olarak yetiştirme motivasyonu, Tanrı sevgisiyle başlar, daha azıyla değil. O, Mesih'te bizi sevmiştir ve böylece biz de O'nu severiz. Bunu yapmamızın bir parçası da O'nun etrafımıza yerleştirdiği kişileri sevmemizdir.

Bir din bilgini İsa'ya buyrukların en önemlisinin hangisi olduğunu sorduğunda, İsa cevabına şöyle başlar: "Tanrın Rab'bi bütün yüreğinle, bütün canınla, bütün aklınla ve bütün gücünle seveceksin" (Markos 12:30). Tanrı'nın en çok istediği şey, O'nu sahip olduğunuz her şeyle, bütün heveslerinuz ve istekleriniz, arzularınız ve umutlarınız, düşünceleriniz ve mantığınız, gücünüz ve enerjinizle sevmenizdir. Tüm bunlar O'nun Sözü tarafından başlatılmış, saflaştırılmış ve terbiye edilmiş olmalıdır.

Hatta, Tanrı'ya adanmışlığınızın derinliği, Tanrı suretinde yaratılanlara duyduğunuz sevgiyle görünür. Din bilgini bir soru sormuştu belki ama iki yanıt aldı: "İkincisi de şudur", dedi İsa, 'Komşunu kendin gibi seveceksin.' Bunlardan daha büyük buyruk yoktur" (31. ayet). İkinci buyruğu dışarıda bırakmak demek, ilkini ıska geçmek demektir. Tanrı sevgisi, komşu sevgisinin temelidir ve Tanrı sevgisi, kendisini komşu sevgisiyle dışarı vurmalıdır. Sevgi görevi böyle tamamlanır.

Tanrı'nın bize olan sevgisi zincirleme bir tepki başlatır. O bizi sever, sonra biz onu severiz, sonra da biz başkalarını severiz. Yuhanna bunların hepsini bir araya getirir: "Bizse seviyoruz, çünkü önce O bizi sevdi. 'Tanrı'yı seviyorum' deyip de kardeşinden nefret eden yalancıdır. Çünkü gördüğü kardeşini sevmeyen, görmediği Tanrı'yı sevemez. 'Tanrı'yı seven kardeşini de sevsin' diyen buyruğu Mesih'ten aldık" (1. Yuhanna 4:19-21).

Komşu sevgisiyle kendini göstermeyen herhangi bir Tanrı sevgisi iddiası, sahte bir tanrıya yönelik bir sevgidir ve putperestliğin başka bir şeklidir. Gördüğümüz ayetlerde, İsa ve Yuhanna günaha düşüşte kopmuş olan bazı bağları yeniden birleştirmektedir.

Başkalarını öğrenci olarak yetiştirmek, yani onların Mesih'i izlemelerine yardımcı olmak için onlara bilinçli bir şekilde ruhsal anlamda iyilik etmek, Tanrı'ya ve başkalarına yönelik bu sevginin kanıtlarından biridir.

İtaat. Ancak sevgimiz, itaatimizle bağlantılıdır. İsa şöyle öğretmiştir: "Beni seviyorsanız, buyruklarımı yerine getirirsiniz" (Yuhanna 14:15; ayrıca bkz. 14:23; 15:12–14). O ne buyurmuştur? "Bu nedenle gidin, bütün ulusları öğrencilerim olarak yetiştirin; onları Baba, Oğul ve Kutsal Ruh'un adıyla vaftiz edin; size buyurduğum her şeye uymayı onlara öğretin. İşte ben, dünyanın sonuna dek her an sizinle birlikteyim" (Matta 28:19–20). İtaatimizin bir kısmı da başkalarını itaate yönlendirmektir.

İsa'nın son verdiği buyruk, öğrencilerini Roma'ya karşı silahlı direnişe çağırmak veya O'nu öldürenlerden intikam aramak değildi. Bunun yerine, İsa kendi izleyicilerine baktı ve onlara yalnızca öğrenci olmamalarını, öğrenci yetiştirenler olmalarını söyledi.

İsa bu görevin verilmiş olduğu kişilerle verilmemiş olanlar arasında bir ayrım yapmıyor. Bir süre sonra Pentikost'ta görüleceği gibi, tüm Hristiyanlara onlarla olacağını vaat ediyor. Ayrıca bu vaat, elçilerin yaşamlarından çok daha sonrasına, çağların sonuna kadar uzanmaktadır. Yeni Antlaşma'nın geri kalanında, tüm Hristiyanların kendi becerileri, fırsatları ve çağrıları doğrultusunda bu işi üstlendiklerini görüyoruz. Bu Yüce Görev, İsa'nın öğrencisi olacak olan herkese verilmektedir. Bu buyruk, tüm zamanlardaki tüm imanlılara verilmektedir.

Öğrenci yetiştirmek, Hristiyanlığın temelinde vardır. Daha ne kadar açık olabilirdi? Öğrenci yetiştirme konusunda emek vermiyorsak, İsa'nın öğrencileri olamayabiliriz.

NEREDE VE NASIL ÖĞRENCİ YETİŞTİRMEK?

İsa'nın son buyruğu hakkında fark etmemiz gereken bir şey daha var: bizim nerede ve nasıl öğrenci yetiştireceğimiz. Kiliselerimiz aracılığıyla bütün uluslar arasında öğrenciler yetiştirmemiz gerekiyor.

Giriş

Bütün uluslar arasında. İsa öğrencilerine öğrenci yetiştirme buyruğunu vermeden önce, öğrencilerine gökte ve yerde tüm yetkinin kendisine verildiğini ve "gitmeleri" gerektiğini söyledi. İsa'nın yetkisi evrensel olduğu gibi, ilgisi de öyledir. O'nun yetkisi ve ilgisinin evrensel oluşu bizim görevimizi de evrensel kılar: tüm uluslara gideriz. Öğrenci yetiştirmek sadece İsrail'i, Orta Doğu'yu veya Afrika'yı kapsayan bir şey değildir. Hristiyanlık sadece Avrupa ya da Asya için değildir. Mesih tüm yetkiye sahiptir ve bundan dolayı biz de tüm ulusları öğrenci olarak yetiştirmek üzere gideriz.

Kiliselerimiz aracılığıyla. İsa öğrencilerine öğrenci yetiştirme buyruğunu verdikten sonra, onlara bunu nasıl yapacaklarını da söyledi: vaftiz ederek ve öğreterek.

Evet, hizmet eden biri ya da bir müjdeci, dünyanın neresinde olursa olsun bireysel olarak dünyaya, ofise, okula, mahalleye gider. Ancak ruhsal tören ya da öğretiş hizmeti, öncelikle kiliseler aracılığıyla gerçekleştirilir. Yüce Görev'i kiliseler yerine getirirler ve öğrenci yetiştirmek kiliselerin işidir.

Elbette iyi paydaşlık ve öğrenci yetiştirme kilise üyeliği bağlamının dışında da var olabilir. Ama birbirimizi birer imanlı olarak tanıyıp tasdik etmemiz, kilisenin vaftiz ve Rab'bin Sofrası hizmetleri aracılığıyla olur. Bu da, öğrenci yetiştirme ilişkilerine ruhsal fayda sağlayacak bir hesap verme sorumluluğu katar. Kilisenin ve ihtiyarların öğretiş hizmeti aracılığıyla Hristiyanlar, İsa'nın buyurduğu her şeye itaat etmeyi öğrenirler.

Hristiyanların öğrenci olarak yetiştirilmek ve başkalarını yetiştirmek üzere ilk bakmaları gereken yer, normalde hem toplanmış hem de dağılmış (bir arada bulunmayan) yerel kilise paydaşlığı olmalıdır. David Wells şöyle demiştir: "Arayış içerisinde olan kişilerin toplandığı kiliseler inşa etmek olduk-

ÖĞRENCİ YETİŞTİRME

ça kolaydır; Kutsal Kitap imanının sahici öğrenciliğe doğru olgunlaştığı kiliseler inşa etmek oldukça zordur."[4]

SONUÇ

Bu kitabın amacı, Kutsal Kitap'a dayalı öğrenci yetiştirmeyi anlamanıza yardımcı olmak ve Mesih'e olan itaatinizde sizi teşvik etmektir. Söylediğim gibi, Kutsal Kitap'a dayalı öğrenci yetiştirme, başkalarına bilinçli bir şekilde ruhsal anlamda iyilik ederek İsa'yı izlemelerine yardımcı olmaktır. Kutsal Kitap'a dayalı öğrenci yetiştirme büyük oranda kiliselerde ve kiliseler aracılığıyla gerçekleştirilir. Günümüzde Hristiyanların bunu kolayca gözden kaçırılmaları kolaydır.

O halde, Pazar günleri kiliseye katıldığınızda sadece alabileceğiniz şeylerle mi ilgileniyorsunuz, yoksa aynı zamanda bir şeyler verebileceğiniz yollar arıyor musunuz? Ayrıca hafta boyunca yemek molalarınızı ve boş zamanlarınızı nasıl kullanıyorsunuz? Müjde'yi duyurmak ya da diğer Hristiyanları ruhça geliştirmek için yöntemler belirliyor musunuz?

Belki de öğrenci yetiştirmeden önce yetiştirilmeye ihtiyacınız olduğunu düşündünüz. Öğrenci olmak kesinlikle çok önemlidir. Ancak İsa öğrenci yetiştirme buyruğunu size vermiştir ve hatta, öğrenci olmanın bir parçası da öğrenci yetiştirmektir. Olgunlukta büyümenin bir parçası da başkalarının olgunlukta büyümesine yardımcı olmaktır. Tanrı sizin sadece ihtiyaçlarınız karşılansın diye kilisede olmanızı istemez, aynı zamanda donatılmanızı ve başkalarıyla ilgilenme konusunda teşvik bulmanızı ister.

---

[4] David F. Wells, Above All Earthly Pow'rs: Christ in a Postmodern World (Grand Rapids, MI: Eerdmans, 2005), 119.

Giriş

Hristiyanlık –Kutsal Kitap'ın dini– kendi kendini yetiştiren ve başkalarına ihtiyaç duymayan haşin birey için değildir. Hristiyanlık Mesih'in öğrencileri için, diğer insanları Mesih'i izlemeye yönlendiren izleyiciler için olan bir dindir.

1. Kısım

ÖĞRENCİ YETİŞTİRMEK NEDİR?

1

ETKİNİN KAÇINILMAZLIĞI

Tanrı'nın karakteristik özellikleri ya da "sıfatları" bize Tanrı'nın neye benzediğini gösterir. Teologlar O'nun sıfatlarını iki kategoriye ayırır: iletilebilir ve iletilemez olanlar. İletilebilir sıfatlar bize aktarılabilir ya da bizimle paylaşılabilir. Örneğin, Tanrı'nın sevgisini ya da kutsallığını düşünün. Biz de sevebilir ve kutsal olabiliriz. Bununla birlikte, iletilemez sıfatları sadece O'nun sahip olabileceği özelliklerdir. Örneğin, aynı anda her yerde bulunmayı ya da her şeyi bilmeyi düşünün.

Tanrı'nın iletilemez sıfatlarından biri de O'nun değişmezliğidir. O değişmez. Biz değişiriz. O değişmez.

BİZLER DEĞİŞEBİLEN VARLIKLARIZ

Büyük ihtimalle şöyle düşünüyorsunuzdur: "Sen kocamın nasıl da alışkanlık tutkunu birisi olduğunu bilmiyorsun!" Doğru. Bilmiyorum. Yine de sizi temin ederim ki, kocanızın yaşamındaki alışkanlıkların kökleri ne kadar derin olursa olsun, biz insanlar sürekli değişmekteyiz.

Doğarız, büyürüz, yaşlanırız, ölürüz. Bunların hepsi değişimdir. Bilmediğimiz şeyleri öğreniriz ve bildiğimiz şeyleri unuturuz. Tanrı yolunda daha çok yürürüz veya daha az yürürüz. Bunların da hepsi değişimdir. Ayrıca elbette durumlar da bizi etkiler; bazen iyi yönde, bazen de hastalık yönünde.

Tanrı değişmez; biz değişiriz. Doğamız gereği değişebilen ve değişen varlıklarız.

Buna ek olarak, ciddi ruhsal çatışmaların sürdüğü bir dünyada yaşıyoruz. Petrus kendisini dinleyenlerin (okuyanların) dünyanın baskısı altında olduğunu biliyordu: "İnanmayanlar, kendinizi onlarla birlikte aynı sefahat seline atmamanızı yadırgıyor, size sövüyorlar" (1. Petrus 4:4). Pavlus havadaki hükümranlığın egemeninin söz dinlemeyen insanlarda "şimdi etkin olduğunu" söylemişti (Ef. 2:2). Kendisi bu çağın gidişine uymayıp düşüncemizin yenilenmesiyle değişmemizi bu nedenle tembih etmektedir (Rom. 12:2).

Beşinci yüzyılda yaşamış Afrikalı pastör Augustinus, bu ruhsal çatışmayı iki kent arasındaki savaş olarak tasvir eder: İnsanların Kenti ve Tanrı'nın Kenti. Her iki kent de bizi kendi işleri için almak ister. Burada yatan gerçeklikse şu ki, insanlar –olumlu ya da olumsuz yönde– değişebilirler.

ETKİLERİZ VE ETKİLENİRİZ

Diğer bir deyişle, biz insanlar etkilenmeye açık varlıklarız.

Geçen gün bankama doğru yürüyordum. Burası, yirmi yıl önce mahalleme taşındığım zaman arkadaşım Matt'in beni tanıştırdığı aynı yerdi. Sonrasında berberime doğru yürüdüm. Burası da yirmi yıl önce mahalleme taşındığım zaman Matt'in beni tanıştırdığı aynı yerdi. Matt ne yaptığını bana gösterdi ve ben de onu yapmaya başladım. Matt mahallemizde yaşama konusunda beni *yetiştirdi*. Şimdi, yirmi yıl sonra bile bankanın ve saçınızı kestireceğiniz berberin yolunu bulabiliyorum. İsa'nın dediğini hatırlayın: eğitimini tamamlayan her öğrenci öğretmeni gibi olacaktır (Luk. 6:40).

Hatta, bunu bir adım öteye taşımak istiyorum: hepimiz kaçınılmaz olarak başkalarından etkileneceğiz ve karşılığında da başkalarını etkileyeceğiz. "Kötü arkadaşlıklar iyi huyu bozar" diyor Pavlus (1. Korintliler 15:33) ve "azıcık maya bütün hamuru kabartır" (5:6). İyi ya da kötü, etrafınızdaki insanlar sizi *etkileyecekler*. Buna karşılık siz de, iyi ya da kötü, etrafınızdaki kişileri *etkileyeceksiniz*. İhmalkâr bir baba yokluğuyla bile çocuklarını etkiler. Hiçbirimiz kendi başına bir ada değiliz.

ETKİNİZİ NASIL KULLANACAKSINIZ?

Size kalan tek soru şudur: Etkinizi nasıl kullanacaksınız?

Belki etkiye sahip olduğunuzu düşünmediniz ama sahipsiniz! Tanrı'nın suretinde yaratıldınız ve Tanrı o kadar etkilidir ki, O'nun suretini taşıyanlar küçücük de olsa bu etkiyi yansıtırlar. En alt kademede de olsanız, etrafınızdan saygı görmediğinizi de hissetseniz, yaşamınız çevrenizdeki kişileri etkiler.

Petrus'un ters huylu efendilerin kölelerine ya da inanmayan kocaların eşlerine verdiği talimatları düşünün (1.Pe. 2:18–20; 3:1). Her iki kişinin de sadakatleriyle bir etki sahibi olduğunu biliyordu. Petrus kadınların Hristiyan olmayan kocalarını "söze gerek kalmadan" yaşamlarıyla kazanabileceklerini söyler. Hepsi için örnek İsa Mesih'tir. O çektiği acılar aracılığıyla, şifa ve yaşam getirmiştir (2:21–25).

Diğer bir deyişle, Tanrı'nın yaratılışta size verdiği armağanlarla etkileyeceksiniz. Ancak bundan da öte, Müjde etkisine sahip olabilirsiniz ve şaşırtıcı bir biçimde, insanların yaşamlarında bir Müjde etkisi yapmak yalnızca güçlü yönleriniz aracılığıyla değil, zayıflıklarınız aracılığıyla da gelir. Tanrı bunu yapar. Öyle ki, O'nun gücü zayıflıklarımız aracılığıyla sergilensin ve tüm yüceliği O alsın (bkz. 2.Ko. 12:9).

Dolayısıyla, tekrar söylüyorum, etki *sahibisiniz*. Peki etkinizi nasıl kullanacaksınız? Bu yaşamın koridorundan sonsuzluğa doğru geçerken, başkalarının yaşamlarında ne bırakmış olacaksınız?

Kutsal Kitap'a göre bir Mesih'in öğrencisi başkalarını, onların Mesih'i izlemelerine yardımcı olarak yetiştirir. Siz etkinizi bu şekilde kullanıyor musunuz?

2

BAŞKALARI ODAKLI

Domuzların yemek zamanı yemliğe gelişlerini hiç görmediyseniz bile, herhalde hayal edebiliyorsunuzdur. İtişme. Kakışma. Homurdanma. Başkalarını düşünmeden olabildiğince çok yemeği mideye indirme.

Bir dakikalığına üzerine düşünmeye değecek komik bir soru sorayım. Geçen Pazar günü kiliseye böyle mi katıldınız?

Hayır, size domuz demiyorum. Ancak biraz durup düşünün: Aracınızı nereye park ettiniz? Saat kaçta kiliseye vardınız? Nereye oturdunuz? Kiminle konuştunuz? Bu kararların her biri, kendinizi başkalarına vermeniz ve böylece Mesih'in işine katılmanız için bir fırsattı. Ya da kendinizle ilgilenmeniz ve kendiniz için en iyi olanı yapmanız için bir fırsattı. Peki hangisiydi? Bu kararların her biriyle başkalarını bereketlemeyi bilinçli olarak düşündünüz mü?

İsa'nın öğrencisi olmak, tıpkı İsa'nın yaptığı gibi yaşamlarımızın odağını kendimizden alıp başkalarına yönlendirmek anlamına gelir. Başkaları uğruna emek vermek demektir. Başkalarına yönelik bu sevgi, öğrenci yetiştirmenin kalbindedir. Mesih'in hizmet edilmeye değil, hizmet etmeye ve canını birçokları için fidye olarak vermeye gelmesi gibi, bizler de gözlerimizi Mesih uğruna başkalarına hizmet etmeye dikeriz (Mar. 10:45).

ÖĞRENCİ YETİŞTİRME

Öğrenci yetiştirme yaşamı, başkaları odaklı bir yaşamdır. Öğrenci yetiştirmek, Mesih'i tanıtmak ve başkalarını Mesih'te yetkinleşmiş kişiler sunmak üzere Tanrı'nın gücünde emek vermektir. Kutsal Kitap'ta gördüğümüz model budur.

KUTSAL KİTAP'A DAYALI MODEL

Mesih'in bahsi Kutsal Yazılar'da geçmeden önce, Tanrı bu dersleri yaratılışın içerisine aile aracılığıyla aktarır. Tanrı'nın bizi nasıl ebeveyn yaptığını düşünün. Tanrı büyük miktarda bizim doğamızın içerisine, bir insanı büyütmeye sevgiyle kendimizi verme, onu besleme ve olgunlaşma yolunda yönlendirme arzusu koyar.

Sonrasında antik dönemdeki İsrail'de, bu ebeveynlik ilişkilerinin gücünü kendi Sözü'nün su gibi akacağı kanallar olarak kullanır. Musa, On Buyruk'u verir. Halka Tanrı'yı sevmelerini söyler. Ardından İsrail halkına şu talimatları verir: "Bugün size verdiğim bu buyrukları aklınızda tutun. Onları çocuklarınıza belletin. Evinizde otururken, yolda yürürken, yatarken, kalkarken onlardan söz edin" (Yasa'nın Tekrarı 6:6–7). Burada Tanrı bize başkalarını yetiştirmek adına büyük bir ders verir. Yetiştirmek, Tanrı bilgisini ve O'nun Sözünü yaşamın her anı aracılığıyla aktarmayı içerir.

Ailenin de ötesinde, Kutsal Kitap bir kişinin başka bir kişiye öğrettiği yetiştirme ilişkileri konusunda örneklerle doludur. Musa'nın kendisinden sonra gelmesi için Yeşu'yu nasıl yetiştirdiğini düşünün. Ya da Eli'nin Samuel'i yetiştirmesini. Ya da İlyas'ın Elişa'yı yetiştirmesini.

Elbette tüm zamanların en ünlü öğrenci yetiştiricisi İsa Mesih'tir. Hristiyanlık bir kitlesel pazarlama yöntemiyle başlamadı. İsa seyahat ederken 7/24 yayın yapan bir medya yoktu. Üç yıllık bir zaman diliminde, küçük bir grup adamın bir dizi kişisel ilişkisiyle başladı.

Evet, kalabalıklar İsa'ya sıkça geldi ve O'nun mucizelerinin haberi bazen hızla yayıldı. Ancak bu büyük kalabalıkların içerisinde, İsa'nın kendisine çağırdığı küçük bir öğrenci grubu vardı. İsa özellikle onlara yatırım yaptı. Markos Müjdesi bize şöyle anlatır: "İsa, dağa çıkarak istediği kişileri yanına çağırdı. Onlar da yanına gittiler. İsa bunlardan on iki kişiyi yanında bulundurmak, Tanrı sözünü duyurmaya göndermek … üzere seçti" (Markos 3:13–14).

Bu Onikiler, İsa'nın Mesih olduğunu ikrar ettiler. Çoğu zaman O'nunla kaldılar. İsa onların "yanında bulunmalarını (kendisiyle olmalarını)" (bu sözü çok seviyorum!) istedi. Onikiler içinde de özellikle üçüne yatırım yaptı: Petrus, Yakup ve Yuhanna.

Ama şöyle diyebilirsiniz: "O İsa! O elbette bunu yapar. O Tanrı!"

Peki o zaman. Elçi Pavlus örneğine bir göz atalım. Elçilerin İşleri 16. bölüm Pavlus'un Müjde yolculuklarından birini anlatır. Ancak bölüm, bize Timoteos adlı bir öğrenciyi tanıtarak başlar ve ardından şöyle der: "Timoteos'u kendisiyle birlikte götürmek isteyen Pavlus…" (3. ayet). İsa ve öğrencilerinde olduğu gibi, Pavlus da Timoteos'un yanında bulunmasını, birlikte seyahat etmesini ve egemenlik işinde kendisine katılmasını istedi. Pavlus'un Timoteos'u, Eski Antlaşma dönemindeki bir babanın oğlunu yetiştirmesi gibi yetiştirdiğini, yolda yürürlerken, yatarlarken, kalkarlarken Tanrı'nın Sözü'nü özenle öğrettiğini tahmin etmek zor değildir.

On yıllar sonra, Pavlus bu sefer Timoteos'a başkalarıyla aynı şeyi yapmasını söyleyecekti: "Birçok tanık önünde benden işittiğin sözleri, başkalarına da öğretmeye yeterli olacak güvenilir kişilere emanet et" (2. Timoteos 2:2). Pavlus'un öğrenci yetiştirme tutkusu gelecek birçok nesli kapsıyordu.

ÖĞRENCİ YETİŞTİRME

Ruhsal anlamda torunlarının çocukları olsun istedi. Timoteos (çocuk) sadık adamlar bulacaktı (torunlar) ve onlar da başkalarına (torunların çocukları) öğretmeye yeterli olmalıydılar.

UĞRAŞMAK VE EMEK VERMEK

Kutsal Kitap'a dayanan bu ruhsal çocuklara yatırım yapma modeline kendini adamak ne anlama gelir? Bu kitabın tamamı bu soruyu ele almaktadır. Ancak Koloseliler 1:28–29 bize yararlı bir başlangıç noktası sunar.

Genç bir Hristiyan'ken, bu iki ayeti "yaşam ayetlerim" olarak seçtim. Pavlus bu ayetleri, günümüzdeki Türkiye'nin batısında yer almış olan Kolose şehrindeki kiliseye yazmaktadır. Bu Hristiyanlara onlar için neler yapmış olduğunu hatırlatır: "Her insanı Mesih'te yetkinleşmiş olarak Tanrı'ya sunmak için herkesi uyararak ve herkesi tam bir bilgelikle eğiterek Mesih'i tanıtıyoruz. O'nun kudretle bende etkin olan gücüne dayanarak uğraşıp emek vermemin amacı da budur" (Koloseliler 1:28–29).

Pavlus uğraşmaktadır. Pavlus emek vermektedir. Başkalarına iyilik edeceksek, biz de böyle yapmalıyız.

Ruhsal gücü nasıl uygulamaya koyacağınızı hiç merak ettiniz mi? Belki insanlar size, "Şunu ye", "Şu sözleri söyle", "Şu duayı et", "Şu yazarı oku", "Şu deneyimi yaşa", "Şu konferansa git" veya "Kendi içine bak" gibi şeyler söyleyeceklerdir.

Ama hayır! Ruhsal güç, faal bir şekilde kendinden vazgeçerek başkalarına hizmet etmekle uygulamaya konulur. Koloseliler 1:29'da *emek vermek* olarak çevrilen kelime aynı zamanda "ıstırap" olarak da çevrilebilir. Yani, ruhsal güce giden yol coşkudan ziyade ıstıraptır. Tanrı'nın gücünü ve etkin olan bir imanı tanımak mı istiyorsunuz? O halde tıpkı Mesih'in bizim iyiliğimiz için bizzat çalıştığı ve emek verdiği gibi, kendinizi başkalarının iyiliği için emek vermeye adayın.

Gerçek Hristiyan imanı, tembel bir iman değildir. Pavlus'un imanı gibi, etkin olan bir imandır.

TANRI'NIN GÜÇLÜ İŞİ

Ama Pavlus onlar uğruna uğraşıp emek verdiğini söylerken övünüyor mu? Kesinlikle hayır. Metnin son kısmında, *Tanrı'nın* kudretle onda etkin olan gücünden söz ediyor. Koloseliler Pavlus'tan ne edindilerse, bunlar Pavlus'un kendi gücüne değil, Tanrı'nın gücüne dayanıyordu.

Eğer siz ya da ben başkalarına herhangi iyi bir şey katmayı umuyorsak, bir önceki bölümde belirttiğimiz gibi başkalarını Mesih uğruna etkilemeyi umuyorsak, bu yalnızca Tanrı'nın Ruhu'nun bizde ya da bizim aracılığımızla etkin olmasıyla mümkündür.

Tanrı'nın içimizde çalıştığını bilmek gurura karşı çıkar. Bize tüm sahip olduklarımızın ve varlığımızın, tüm yapabileceklerimizin ve başarabileceklerimizin Tanrı'dan geldiğini hatırlatır. Eğer siz ya da ben emeklerimizin neticesinde ürün görmüşsek, gurura kapılmamız için bir sebep yoktur. Tanrı çalışmıştır. Bu, O'nun gücüdür. Tüm ruhsal ürünler O'nu yüceliğini katlar.

Ayrıca Tanrı'nın çalıştığını bilmek korkuya da karşı çıkar. Tanrı'nın içimizde iyilik için çalıştığından eminsek ve O'nun hedeflerine adanmışsak, işimizin boşuna ya da yanlış yönlendirilmiş olduğu korkusunu bir kenara bırakabiliriz. Sağlığımızı ya da paramızı kaybetme korkusunu da bir kenara bırakabiliriz. Bu şeyler gidebilir ama O'nun bizim aracılığımızla yaptıkları sonsuza dek kalıcı olacaktır.

ÖĞRENCİ YETİŞTİRME

TANITMAK VE SUNMAK

Aynı ayetlerde Pavlus'un yapmak istediklerini bize açıklayan iki kelimeye dikkat edin: tanıtmak ve sunmak: "Her insanı Mesih'te yetkinleşmiş olarak Tanrı'ya *sunmak* için… Mesih'i *tanıtıyoruz.*" Pavlus sunabilmek için tanıtıyor. Şimdi Tanrı'nın Sözü'nü tanıtın; Mesih geldiğindeyse kutsalları O'na yetkinleşmiş olarak sunun. Bu iki sözcük bize Pavlus'un nasıl uğraşıp emek verdiğini (yani tanıtarak) ve ayrıca neden uğraşıp emek verdiğini (sunabilmek için) anlatmaktadır.

Pavlus ayrıca tanıtmanın neleri içerdiğini de açıklar: "… herkesi uyararak ve herkesi tam bir bilgelikle eğiterek Mesih'i tanıtıyoruz." Pavlus'un tanıtması, uyarmayı ve öğretmeyi içerir. Kiliseleri, değersiz ve yıkıcı şeylerden uzak durmaları için uyarır ve onlara Müjde'nin zenginliği ve bilgeliğinde bir olmayı öğretir. Ayrıca keyfe göre uyarıda veya öğretide bulunmaz. *Herkesi* uyarır ve *herkese* öğretir. Bir kişiden diğerine ve o kişiden de diğer bir kişiye.

Birkaç ayet sonrasında Pavlus, Koloseliler'in "anlayışın verdiği tam güvenliğin bütün zenginliğine" sahip olmalarını arzuladığını söyler (2:2). Art arda gelen niteliklere bakın: anlayışın verdiği *tam* güvenliğin *bütün zenginliği!* Bilgelik ve bilgi hazineleri işte burada bulunur! Olgunluğun bir parçası da doğruyla yanlışı, gerçekle sahteyi, değerliyle değersizi ayırt edebilmektir. Pavlus, Tanrı'nın halkını işte bu şekilde tümüyle yetkin ve büyümüş olarak sunmak istemektedir.

Öğrenci yetiştirme işi şimdide gerçekleşir ancak gözleri Son Gün'e dikilmiştir. Uzun süreli düşünmeyi gerektirir. Getirisinin sonsuz olduğunu bilen bir yatırımcı anlayışı gerektirir. Yatırım da Tanrı'nın Sözü aracılığıyla yapılır. Tanıtmamız gerekiyor. Kısa vadede görmesek bile, Tanrı'nın Sözü önünde sonunda meyve verecek tohumdur. Sözü şimdi ekin. Eşinizle ve çocuklarınızla ekin. Kilisenin diğer üyeleriyle ekin ve Tanrı'nın Sözü'nün boşa dönmeyeceğine güvenin. İleride hasadı göreceksiniz. Olgun imanlılar, Mesih döndüğünde O'nu karşılamaya hazır olacaklar.

Başkaları için yaşamanın tam bir örneği Pavlus'un tüm yaşamıdır. Müjde konusunda yüreklendirmek için Koloseliler'e yazdığı bu mektup gibi, tanışmadığı Hristiyanlara bile mektuplar yazar. Haç biçiminde bir yaşamı vardı diyebiliriz. Yaşamı çarmıh modelindeydi. Mesih'in çarmıhını yüklenip ardından gitme çağrısını ciddiye aldı. Mesih gibi, başkalarının iyiliği uğruna Tanrı'ya itaat ederek acı çekti.

Siz böyle misiniz? "Tanrı'nın kudretle… etkin olan gücü"yle çalışmanın nasıl bir şey olabileceğini hayal edin!

PASTÖRLERE KISA BİR SÖZ

Bir pastörseniz ya da pastörlük hizmeti yapmayı düşünüyorsanız, bu metin üzerine uzunca ve dikkatli düşünmelisiniz. Bu hizmetin, Tanrı'nın Sözü'nü eksiksiz tanıtmayı ve Tanrı'nın halkını O'nun önünde yetkinleşmiş olarak sunmayı içerdiğinin farkına varın.

Bu bizim açımızdan tamamen özverili olmayı gerektirir. Bir pastör olmanın pek çok iyi yönü vardır ama aynı zamanda hem kilise üyelerindeki hem de pastörlerdeki günahlılığı düşünecek olursak, zorlu yönler de çoktur. Sevgili pastör, topluluğunun üyeleri için sevgiyle uğraşacak ve emek vereceksin ve onlar bazen sana cevap olarak, senin sevginin ne kadar kusurlu ve yetersiz olduğunu söyleyecekler.

Dolayısıyla, nihayetinde uğraşınızın ve emeğinizin temeli sizin onlara olan sevginiz ya da onların size olan sevgisi olamaz. Temeli sizin Mesih'e olan sevginiz, O'nun size olan sevgisi ve yine O'nun onlara olan sevgisi olmalıdır. O, onları kanıyla satın almıştır. Sizin amacınız onları *O'na* sunmaktır. Hepsini *O'nun için* yaparsınız. Elbette, bu söz tüm Hristiyanlara uygundur. Sevdiğimiz halkı Tanrı'ya sunabilmek için öğrenciler yetiştirir, öğretir ve uyarırız. Çünkü biz en çok Tanrı'yı severiz. Çünkü bizi en çok O sevmiştir.

GERÇEK İMAN BAŞKALARI İÇİN ÇALIŞIR

Gerçek Hristiyan imanı domuza benzemez. Sadece kendisiyle ilgilenmez ve tembel de değildir. Pavlus gibi, çalışır. Başkaları için çalışır. İçimizde kudretli bir şekilde etkin olan Tanrı'nın sağladığı enerjiyle çalışır. Tanıtarak, uyararak ve öğreterek çalışır. Başkalarının, Mesih'in gelişinde O'nda yetkinleşmiş olarak sunulması için çalışır.

Her zaman anında meyve görmeyiz. Yetiştirmek için, ekinlerini eken ve önünde sonunda filiz vereceklerine güvenen sabırlı çiftçi gibi olmalısınız. Meyveyi asla görmesek bile, Sözü'nü kullanacağına dair Tanrı'ya güveniriz. Bir yazarın dediği gibi: "Tohum toprağın altında uzanabilir ve sonra, biz de uzandıktan *sonra filiz verir!*"[5]

Bana göre öğrenci yetiştirmek, hiçbir zaman seyahat edemeyeceğim o tek yerde (yaşamımın ötesinde geride kalacak olan geleceğe) Hristiyan olmayanlara müjdeleyebilmemin ve Hristiyanları donatabilmemin tek yoludur. Başkalarını şimdi öğrenci olarak yetiştirmek, benim saatli lütuf bombalarını bırakma yöntemimdir.

Bir öğrenci, öğrenci yetiştirendir. Sonra sunabilmek için şimdi tanıtır. O halde, Son Gün'de yetkinleşmiş ve Tanrı yo-

---

[5] Charles Bridges, The Christian Ministry: With an Inquiry into the Causes of Its Inefficiency (Carlisle, PA: Banner of Truth, 1959), 75.

luna yaraşır kişiler olarak sunmak istediğiniz, yaşamınızda olan birkaç kişinin ismini belirleyin. İsimleri aklınıza geldi mi? Onları sonrasına hazırlamak için Müjde'yi şimdi onlara nasıl tanıtıyorsunuz?

3

ÖĞRENCİ YETİŞTİRME İŞİ

Öğrenci yetiştirmek, bir egemenlik kurmanın ve güçlendirmenin en bariz yolu olarak görünmez. Egemenlik kurmak, tipik olarak kraliyet savaşlarını, hanedan çatışmalarını, büyük servetleri veya uzun gri sakallı yaşlı adamların politik felsefe çalışmalarını içerir.

Ama İsa yeryüzündeki zamanını öğrencilerine öğrenciler yetiştirmelerini buyurarak sona erdirdi. O'nun egemenliğinin kurulması böyle mi olacaktı? Gerçekte, İsa'nın daha önce ne öğrettiğini bir anımsayalım:

> "Göklerin Egemenliği, bir adamın tarlasına ektiği hardal tanesine benzer" dedi. "Hardal tohumların en küçüğü olduğu halde, gelişince bahçe bitkilerinin boyunu aşar, ağaç olur. Böylece kuşlar gelip dallarında barınır." (Matta 13:31–32)

İsa öğrencilerine bugünün ya da yarının bakış açısıyla değil, sonsuzluk bakış açısıyla yaşamalarını öğretti. Başkalarına İsa'yı izlemelerinde yardımcı olmaya çalışırız; bilinçli olarak ruhsal anlamda iyilik ederiz; Müjde'nin yayılması için dua ederiz; Tanrı'nın sözlerini tanıtırız ve tüm bunları Son Gün adına yaparız. Evet, şimdi biraz meyve görebiliriz. Ama hedef her zaman o gün insanları Mesih'te yetkinleşmiş olarak sunmaktır.

Öğrenci yetiştirmenin ne olduğuna dair daha çok şey söyleyebilir miyiz? Bunun başkalarına İsa'yı izlemede yardımcı olmak olduğunu söylemiştim. Onlara ruhsal anlamda iyilik etmek demiştim. Ancak bunları tamamlamam gerekirse, öğrenci yetiştirmek öğrettiğiniz, düzelttiğiniz, örnek olduğunuz ve sevginizi gösterdiğiniz bir ilişki konusunda inisiyatif almaktır. Büyük bir alçakgönüllülük gerektirir.

İNİSİYATİF ALMAK

Öğrenci yetiştirme mantıken inisiyatif almayı içerir. Pasif değildir. Bu tuhaf hissettirebilir. Herkesi yetiştiremezsiniz, dolayısıyla da birisini seçmek ve diğerini seçmemek durumundasınız. Örneğin pratikte, programlarınız birbirine uyuyor mu?

Ayrıca yalnızca kimin yardıma ihtiyacı olduğunu değil, aynı zamanda kimin yardıma ihtiyacı olduğunun bilincinde olduğunu ve bu yardımı kabul etmeye razı olduğunu ayırt etmelisiniz. Genel olarak, öğretilmeye açık olmayan kişilere zaman harcamak istemezsiniz çünkü zamanınız boşa *gidecektir*. Bunun yerine, Özdeyişler'deki bilge oğul gibi öğüde kulak verip terbiyeyi kabul eden kişileri arayın.

Unutmayın, Müjde'ye iman edenler arasında öğrenci yetiştiren olmanız, her zaman bilge olanı oynamanız ya da tüm cevapları veren Sokrates benzeri bir bilgelik kaynağı olmanız gerektiği anlamına gelmez. Müjde'de yetiştiren olmak, bazen zayıflık ya da günahın itiraf edilmesi konusunda öncülük ettiğiniz anlamına gelir. Bunu yaparak, aklanmanızı kendinizde değil, Mesih'te bulduğunuzu göstermiş olursunuz. Ayrıca böylece şeffaf ve dürüst bir şekilde yaşarsınız. Diğer bir deyişle, Hristiyan öğrenci yetiştirme sadece güçlü yanlarınızı göstermenizle ilgili değil, aynı zamanda zayıf yanlarınızı da göstermenizle ilgilidir. "Üstün gücün bizden değil, Tanrı'dan kaynaklandığı bilinsin diye bu hazineye toprak kaplar içinde sahibiz" (2. Korintliler 4:7).

Yine de, başkaları sizden kendilerini yetiştirmenizi istese dahi, ilişkide inisiyatif alan siz olursunuz. Mesih'in yoluna işaret etmek adına birlikte zamanınızı bilinçli olarak kullanarak bir dereceye kadar ilişkiye önderlik eden sizsiniz. 1. bölümde sözünü ettiğimiz kocası Hristiyan olmayan kadın, başka bir yolu yoksa, bunu sadık eylemleriyle yapar.

KİLİSENİN DIŞINDA, KİLİSENİN İÇİNDE

Öğrenci yetiştirmenin ilk evresi Hristiyan olmayan bir kişiyle kurulan arkadaşlığı kapsayabilir. Ona Müjde'yi açıklarsınız ve tövbe edip iman etmeye çağırırsınız. Tövbe edip iman ettiğinde, kilise üyeliği içerisine vaftiz edilmelidir. Başka bir deyişle, tam anlamıyla öğrenci yetiştirmek müjdelemeyi ve tövbe edip imanla Mesih'e dönmeyi içerir.

Aynı zamanda, eğer kiliseniz benimki gibiyse, zaten tövbe ve iman etmiş olan ancak imanda hâlâ genç olan yeni üyelere bir armağan olarak sahip olur. Yüce Görev'in öğrenci yetiştirme buyruğu, ruhsal törenler ve öğretiş hizmetleri aracılığıyla onları hem bireysel hem de topluluk olarak yetiştirmemizi mecbur kılar. Birlikte vaaz edilen Söz'ü dinler, birlikte Rab'bin Sofrası'nı kutlayarak Rab'bin ölümünü ilan eder (tanıtır) ve birbirimize "çok olduğumuz halde bir beden" olduğumuzu hatırlatırız (1.Ko. 10:17).

Kilise toplanmadığı zamanlarda, öğretim ve gözetim hizmeti üyelerin yaşamlarında devam etmelidir. Bu, hafta içi akşamları tatlı yerken, cumartesi sabahları kahvaltı ederken, çamaşırları katlarken ya da markete giderken gerçekleşir. Öğrenci yetiştirme, üyelerin sevgi ve kutsallık mücadelesinde birbirleriyle konuşmak, dua etmek, teşvik etmek ve desteklemek için bir araya gelmesiyle hafta boyunca sürer.

ÖĞRETMEK

Özünde, öğrenci yetiştirmek öğretmektir. Sözlerle öğretiriz. İsa'nın öğrencilerine öğrettiği tüm sözlerle ve Kutsal Kitap'ın tüm sözleriyle öğretiriz.

Topluluk açısından, kendi kilisem bu nedenle tüm Kutsal Kitap'tan ayırt etmeden açıklayıcı ve sıralı vaazlar verir. Bu Eski ve Yeni Antlaşma'dan ya da Kutsal Yazılar'ın büyük ve küçük parçalarından olabilir. Ayrıca insanları, Hristiyan yaşamının farklı alanları hakkında birkaç yıl süren bir program sunan yetişkin Pazar Okuluna katılmaları için teşvik ederiz. Programı bitirenleri, başkalarına bu programda yoldaşlık etmeleri için teşvik ederiz. Aynı zamanda kilisemiz iyi kitapların tanıtımını yapmak için de birçok yol bulur.

Kişilerarası açıdan, öğretme kişilerin birbirleriyle anlamlı ruhsal sohbetler etmeyi öğrenmesiyle başlar. Ben pastör olarak bu konuda neredeyse her hafta kürsüden insanları teşvik ederim. Futbol ya da çocukların okulu hakkında konuşmak kötü bir şey değildir. Ama pazar vaazı hakkında da konuşun. Arkadaşlarınıza Tanrı'nın size kendisi hakkında neler öğrettiğini sorun. Küçük gruplar da bu tarz ilişkileri desteklemek için yararlı olabilir.

DÜZELTMEK

Bazen öğrenci yetiştirme, birisini seçimleri konusunda uyarmanızı gerektirir. Genel gerçekleri öğrettiğinizde, insanlar büyüyüp olgunlaşır, evet, ama aynı zamanda onların belirli hatalarını düzelttiğinizde de öyle. Hristiyan olmanın bir parçası da günahın bizi aldattığının ve kendimiz hakkında göremediğimiz şeylerde diğer imanlıların görmemizde yardımlarına ihtiyacımız olduğunun farkına varmaktır. Sıklıkla, kiliseye üye olmanın görünmez bir adamın üzerine boya dökmeye benzediğini söylerim. Öğrenci yetiştirme ilişkilerimiz ilerledikçe yeni günahlar görünür hale gelir.

Hatta, bir öğrenci yetiştirme ilişkisinde başkalarının sizi düzeltmelerini isteyerek ve bunu onlar için daha kolay hale getirerek önderlik edebilirsiniz. Ama gerektiğinde başkalarını düzeltmeye istekli olmak için, insandan ziyade Tanrı'dan korkmalısınız ve reddedilme riskini almalısınız.

Nihayetinde, düzeltme işi tüm topluluğa aittir ve bir üyenin, kendisini Mesih'ten daha çok kendi günahına adadığı görüldüğü zaman yapılır. Birkaç uyarıdan sonra, kişi üyelikten çıkarılır ve Rab'bin Sofrası'ndan alamaz (Mat. 18:15–20). Bununla birlikte, çoğu zaman bir kilisede düzeltme, öğrenci yetiştirme ilişkisi içerisinde özel (bire bir) olarak yapılmalıdır.

ÖRNEK OLMAK

İsa'nın öğrencilerine sadece öğretmeyi buyurmadığını fark etmek önemlidir. Onlara *sözüme uymayı öğretin* demiştir. Öğrenci yetiştirmenin hedefi, yaşamların dönüşüme uğradığını görmektir. Bu da, öğrenci yetiştirmenin başkasıyla bir kitabı ya da hatta Kutsal Kitap'ı bile okumaktan daha fazlası olduğu anlamına gelir. Nihayetinde, öğrenci yetiştirmek başkalarının önünde tüm Hristiyan yaşamını yaşamayı içerir. Burada Mesih bizim örneğimizdir. "Mesih, izinden gidesiniz diye... size örnek oldu" (1. Petrus 2:21).

Sadece sözlerimizle değil, tüm yaşamımızla mesaj veririz. Bir öğrenci yetiştirme ilişkisi içerisinde olan şey, sınıf dersinden (bizim her pazar yaptığımız gibi) daha fazlasını gerektirir. Bir meslekte çıraklık ya da bir kişisel eğitmen veya koç aracılığıyla yapılan türden bir öğretim gerektirir. Bir çırak dinleyerek *ve* izleyerek *ve* katılarak, azar azar zamanla daha çok sorumluluk alarak öğrenir. Hepsinden önemlisi, öğrenci yetiştirme Tanrı'nın aile için olan tasarısına benzer. Babalar ve anneler yaşamın her alanında sözleriyle ve davranışlarıyla öğretir ve sonrasında çocuklarını yetişkinlik işine doğru ilerletirler.

Gerçekten, öğrenci yetiştirme bir moda mankeni olmak gibidir. Hayır, bir fotoğrafçının önünde kıyafetlerinizle poz vereceğinizi söylemiyorum; başkalarının takip etmesi için bir moda, bir yaşam tarzı sunuyorsunuz. Öğrenci yetiştirmek, Mesih'e olan güveninizi izlenecek bir örnek olarak sunup, başkalarını sizi taklit etmeye davet etmektir. İzlenmeye ve insanları yaşamlarınıza almaya razı olmanızı gerektirir ki, gerçekten izleyebilsinler. Örneğin, kilisemdeki ihtiyarların her biri üyelerimizin İbraniler'de verilen öğüde kulak verebilmeleri için bunu yapıyor: "Tanrı'nın sözünü size iletmiş olan önderlerinizi anımsayın. Yaşayışlarının sonucuna bakarak onların imanını örnek alın" (13:7). Karşılığında hepimiz Pavlus'un dediğini yaşamlarımızdaki diğer Hristiyanlara diyebilmeliyiz: "Mesih'i örnek aldığım gibi, siz de beni örnek alın" (1. Korintliler 11:1). Belki de bu yüzden Hristiyan yaşam öyküleri (biyografileri) oldukça yararlı oluyor.

KARŞILIKLI SEVGİ

Başka bir açı daha eklersek, öğrenci yetiştirme karşılıklı bir sevgi biçimidir. Bir öğretmen-öğrenci ilişkisi vardır. Ancak aynı zamanda eş düzeyde bir karşılıklılık ve sevgi vardır. Öyle ki, öğrenci yetiştirme her iki tarafa da yöneliktir. Bunu uzun zamandır yapan birisi olarak, yetiştirdiğim kişilerin çoğunlukla imanda bana hizmet ettiklerini, beni bereketlediklerini ve teşvik ettiklerini söyleyebilirim. Ben onlara ruhsal anlamda iyilik etmek için çalışırken, onlar da bana ruhsal anlamda iyilik etmek için çalışmaktadırlar. İsa'yı daha iyi izleme konusunda bana yardımcı oluyorlar. Birlikte Pavlus'un Koloseliler 3:16'da ne demek istediğini öğreniyoruz: "Mesih'in sözü bütün zenginliğiyle içinizde yaşasın. Tam bir bilgelikle birbirinize öğretin..."

Birlikte İbraniler 10:24–25'te buyrulanları yerine getirmeye çalışıyoruz: "Birbirimizi sevgi ve iyi işler için nasıl gayrete getirebileceğimizi düşünelim. Bazılarının alıştığı gibi, bir araya gelmekten vazgeçmeyelim; o günün yaklaştığını gördükçe birbirimizi daha da çok yüreklendirelim." Öğrenci yetiştirmede, benim hedefim Son Gün'ün bilincinde yaşamalarına yardım ederek genç Hristiyanları sevmektir ama onlarda genellikle benim bunu yapabilme kapasitemin onların da bana yardım etmelerine bağlı olduğunu fark ediyorlar.

ALÇAKGÖNÜLLÜLÜK

Sonraki bölümlerde tüm bunları nasıl yapabileceğimiz konusunda daha fazlasını söyleyeceğim. Ama şu anda başkalarının İsa'yı izlemesine yardımcı olmanın risksiz yapılamayacağını belirtmek istiyorum. Öğrenci olarak yetiştirilmek için kendinizi alçalttığınız gibi, öğrenci yetiştirmek için de kendinizi alçaltmalısınız. Öğrenci yetiştirmek zor şeyler içerir. Hayır demek, sıkıntılara göğüs germek, başkasına ne zaman katlanmanız gerektiğini bilme ve bunu *yapmak*. Davetleriniz geri çevrilebilir, öğütleriniz reddedilebilir.

Daha önce değindiğim gibi, sadece güçlü yanlarımızla değil, aynı zamanda zayıf yanlarımızla da öğrenci yetiştiriyoruz. Hristiyan öğrenci yetiştirme, tümüyle uzmanların ve teknokratların işi değildir; eski bir deyişi kullanacak olursak, bir dilencinin başka bir dilenciyi ekmeğe yönlendirme işidir.

Başka bir yerdeki kiliseye gitmeden önce benimle birlikte Washington DC'de pastörlük yapmış olan Brad'in eşi Erin Wheeler, DC'deyken bu dersleri nasıl öğrendiğini bir 9Marks makalesinde kaleme aldı. Kilisedeki başka bir kadın öğrenci olarak yetiştirilme beklentisiyle Erin'in evine gelir. Erin kadını evine buyur eder, arkasından kapıyı kapatır ve kendi kendine düşünür:

> Berbat haldeyim. Benim burada ne yaptığıma dair hiçbir fikrim yok! Deli gibi davranan çocuklarım buradayken ve kocama karşı yüreğim kötü durumdayken bugün bir "öğretme" söz konusu olamaz. Kimseye öğretmemem gerekli. Yetiştirilmesi gereken benim! Tanrım, ne yapmamı istiyorsun?

Yine de Tanrı, kısa zamanda Erin'e bu gibi olaylarla, güçlü yanları kadar zayıflıklarını da kullanabileceğini öğretecekti. İmandaki bu genç kadınların, birisinin kendilerine sadece iyi zamanlarda değil, zor zamanlarda da Tanrı'yı tüm yürekleriyle, canlarıyla, akıllarıyla ve güçleriyle sevmenin neye benzediğini öğretmesine ihtiyaçları vardı. Erin şöyle açıklıyor:

> Bu kadınları öğrenci olarak yetiştirirken, onlara öğretmeye ve onları sorgulamaya, birlikte kitaplar üzerinde tartışmaya ve dua etmeye çalıştım ama daha sonra bana, en iyi öğrenmelerini sağlayan şeyin beni izlemek olduğunu söylediler. Beni çok yıpratan günlerde, Tanrı'nın sabredebilmem için zayıflıklarımı nasıl kullan-

dığını izlediler. Hizmetin artan talepleriyle nasıl boğuştuğumu paylaştıktan sonra, kocamı sevmekte nasıl zorlandığımı izlediler.

Erin bu kadınların, onun olduğu gerçek toprak kabı görmek için ön koltuklarda oturduklarını belirtiyor (2.Ko. 4:7). Ancak bu Müjde bakış açısını öğrenmek, Tanrı'nın onun zaaflarını kendi gücünü sergilemek için bir platform olarak kullandığını bilerek, kendisini adak şarabı gibi dökmeye devam etmekte onu teşvik etti (Flp. 2:17). Tanrı kesinlikle sadık bir şekilde defalarca bu genç kız kardeşleri sevmesi ve onlara hizmet etmesi için gerekenleri ona sağlayarak bunu kanıtladı. Yazısını şöyle bitiriyor:

Yıllar sonra Tanrı kiliseye, kocamın vaaz hazırlamakla meşgul olduğu cumartesi öğleden sonraları gelip benimle zaman geçirebilecek yeni bir arkadaş ve kız kardeş getirdi. Her geldiğinde, çocuklarımdan birinin öfke krizinden tuvaletin taşmasına kadar sanki hep bir sorun yaşanıyordu! Böyle zamanlardan birinde, Rab'bin mükemmel zamanlamasından emin bir şekilde ona gülümseyerek baktım ve şöyle dedim: "Biliyor musun, tüm bunları görmene izin verdiğine göre Tanrı seni gerçekten seviyor."

İşte özgüvenimiz budur: mükemmel evlere ya da iyi davranışlar sergileyen çocuklara sahip olmak değil, ancak pislik ve çamurun içinde, Tanrı'nın Ruhu'nun etkin olmasıdır. Zayıflıklarımızda dahi, Tanrı boş gezenleri uyarmak, cesaretsizleri teşvik etmek, zayıfları teselli etmek ve herkese sabır göstermek için sözleri-

mizi kullanır; hepsi O'nun yüceliği içindir.[6]

Yerel kilise bu tarz ilişkilerin gelişmesi için en iyi yerdir. Buna kısaca değineceğim. Bir kilise "öğrenci yetiştirme ilişkileri" terimini kullanmasa da, akıl hocalığı ilişkileriyle dolu olabilir. Neticede öğrenci yetiştirmek, Erin ve genç kadınlar örneğinde gördüğümüz gibi, kilise üyelerinin sorumluluk alıp birbirlerini yücelik için hazırlamalarıdır. Kendimizi Yeni Antlaşma'nın tabiriyle, Kral'ın kâhinleri ve kutsal ulus olarak görmemizin bir yoludur (1.Pe. 2:9). Bir topluluğun sıradan yaşamı öğrenci yetiştirme kültürüyle şekillenmişse, bu yaşamın içerisinde ne kadar da *pastörlük (çobanlık)* yapılıyordur!

Alçakgönüllülüğün gerektiği son bir nokta, bazen insanların gideceğini bilmektir. Fanilik (geçicilik) gerçeği, özellikle birçok şehirde, sevdiğimiz bu insanlara karşı açık sözlü olmamızı gerektirmektedir. Yatırım yapmamızın, paylaşmamızın, kendimizi vermemizin, dua etmemizin ve sevmemizin sebebi bizim karşılığında alabileceğimiz şeyler değildir. Gidecekleri başka yerler ve nihayetinde Mesih'in dönüşü için daha iyi bir şekilde donatılmış olduklarını bilmenin verdiği tatmin ve sevinç dışında bir şey beklemeyiz.

CENNETE DOĞRU YÖNLENDİRMEK

İnsan olmak, öğrenci olmaktır. Tanrı, Âdem ve Havva'ya öğrencilikle bağımsızlık arasında bir seçim sunmadı; kendisini ya da Şeytan'ı takip etmeleri arasında bir seçim sundu. Hepimiz öğrenciyiz. Tek soru şudur: kimin öğrencisi? Göksel kent yolunda diğer imanlıları takip ediyor muyuz ve aynı zaman-

---

[6] Erin Wheeler, "Discipling When You Need to Be Discipled," 9Marks Journal, "Discipling in the Church," September–October 2012, http://9marks.org/article/journaldiscipling-when-you-need-be-discipled/.

da diğerlerine aynısını yapmaları için yardım ediyor muyuz? Charles Spurgeon'ın kendi hizmetine dair tanımını çok seviyorum. Otobiyografisinde, kendisini John Bunyan'ın Çarmıh Yolcusu adlı kitabında insanlara Göksel Şehir'e gitmeleri için yardım eden Bay Büyük Yürek karakteriyle kıyaslar.

> Bunyan'ın zamanında Bay Büyük Yürek nasıl çalışıyorduysa, ben de kendi küçük işimle meşgulüm. Bu kahramanla kendimi kıyaslayamam ama iş konusunda onunla aynı yerdeyim. Cennet'e kişisel turlar düzenlemekle meşgulüm. Elimden geldiğince ejderhaları öldürmek, devlerin başını kesmek ve cesaretsiz ve titrer durumda olanları yönlendirmek benim işim. Genellikle güçsüzlerden bazılarını kaybetmekten korkuyorum. Onlar için bir yürek sızım var; ancak, Tanrı'nın lütfuyla ve sizin birbirinizi gözetmekteki sevecen ve cömert yardımınızla, umuyorum ki hepimiz nehrin kıyısına sağ salim geçeceğiz. Ah, kaçından orada ayrılmak zorunda kaldım! Kıyıda durdum ve akarsuyun ortasında şarkı söylediklerini duydum ve parıldayanların neredeyse onları tepeye doğru, kapılardan geçerek Göksel Şehir'e götürdüğünü gördüm.[7]

[7] C. H. Spurgeon, C. H. Spurgeon Autobiography, vol. 2, The Full Harvest (Carlisle, PA: Banner of Truth, 1973), 131.

4

ÖĞRENCİ YETİŞTİRMEYE KARŞI İTİRAZLAR

Ben öğrenci yetiştirmek kelimesini kullanırken, başkalarının farklı kelimeleri kullandığını fark ettim. Britanya'da *birlikte okumak* daha yaygın bir ifade gibi görünüyor. Burada Birleşik Devletler'de, insanlar hesap verme arkadaşı ya da dua arkadaşından bahsediyorlar. Hangi kelimeyi kullanırsanız kullanın, ben bu sözcüğü başkalarına bilinçli bir şekilde ruhsal anlamda iyilik ederek yaşamlarında onların İsa'yı izlemelerine yardımcı olmak anlamında kullanıyorum. Bu inisiyatif almayı, öğretmeyi, örnek olmayı, sevmeyi ve alçakgönüllülüğü içeriyor.

Ancak terim üzerinde anlaşsak bile, bazı Hristiyanlar hâlâ öğrenci yetiştirme kavramıyla ilgili tümüyle zorlanıyorlar. Tuhaf hissediyorlar. Başkalarına istenmeyen fikirleri dayatmak istemiyorlar. Başkalarından "üstün" gibi davranmak istemiyorlar.[8]

Sonsuz sayıda itiraz öne sürülebilir. Ama ben birkaç tanesini kısa yanıtlarımla beraber sunayım.

---

[8] Alice Fryling, Disciplemakers' Handbook: Helping People Grow in Christ (Downers Grove, IL: InterVarsity Press, 1989), 48.

ÖĞRENCİ YETİŞTİRME

İtiraz 1: "Öğrenci yetiştiren bu kişi ideal değil."
Cevap: Sen de değilsin. Bu denklemde tek kusursuz olan Tanrı'dır. Senin ve benim gibi kusurlu kapları kullanarak, O yücelik kazanır. Daha alçakgönüllü oldukça, herhangi bir diğer gerçek öğrenciden öğrenmen gerektiğini de daha çok anlayacaksın.

İtiraz 2: "Eğer bir kadın sürekli olarak kendisini yetiştiren kadının sözünü dinliyorsa, ebeveynleri, kocası ya da kilisesi gibi diğer iyi yetkilere bağımlı olmaz."
Cevap: İyi düşündün ama iyi şekilde öğrenci yetiştirme, kişiyi Tanrı tarafından kurulan yetkilere uygun bir şekilde bağımlı olmayı teşvik edecektir.

İtiraz 3: "Tüm bu şeyler ben merkezci ve kibirli görünüyor."
Cevap: Nasıl öyle görünebileceğini anlıyorum. Ancak Hristiyan öğrenci yetiştirme bizi, *yalnızca* Mesih'i takip ettiği sürece birisinin izinden gitmeye çağırır. Bizi başkasının tarzını, kültürel tercihlerini, dünyasal bilgeliğini veya kişisel alışkanlıklarını takip etmeye çağırmaz. Öğrenci yetiştirme uygulaması bizi birbirimiz için Mesih'i örnek almaya ve Mesih'i yansıtmaya çağırdıkça, kişiyi oldukça alçaltan bir şeydir. Tüm bunların ötesinde, Kutsal Yazılar'a dayanmaktadır.

İtiraz 4: "Bu aslında insanları zorlamak ve kendini başkasına dayatmak olmuyor mu?"
Cevap: Hristiyan öğrenci yetiştirme, üzerinde ortaklaşa bir şekilde anlaşılmış bir ilişkiyle çalışır.

İtiraz 5: Buna ihtiyacım yok. Yani sonuçta, Hristiyan yaşamındaki en önemli şeyler oldukça aşikâr! Bunu bir öncelik haline getirmek için fazla meşgulüm.

Cevap: Bu kulağa "Tek Tabanca" sendromu gibi geliyor. İsa ayrı bireyler için değil, bir kilise için öldü. Tanrı seni evlat edinerek bir aileye getirdi, böylece şimdi erkek ve kız kardeşlerin var. Bunun da ötesinde, aile üyeliğimizi ve O'na duyduğumuz sevgiyi, birbirimizi severek gösterdiğimizi söylüyor. Bunu da yerel bir kiliseye olan bağlılığımızla ve onlarla olan paydaşlığımızla yapıyoruz. Hristiyanlık kişiseldir, evet, her zaman! Ama gizli değildir. Senin başkalarının yaşamında olman gerek, başkalarının da seninkinde. Öğretilmeye tek ihtiyacı olmayan Tanrı'dır!

İtiraz 6: "Bu yalnızca dışa dönük kişiler için."

Cevap: Hayır, Hristiyanlar için. Sahip olabileceğin bu ilişkilerin sayısı kişiliğe, yaşam koşullarına ve bunun gibi etkenlere göre çeşitlilik gösterecektir. Ama sevgi ve bağışlama merkezli bir iman için hiç ilişkiye sahip olmamak bir seçenek değildir. Kendi yaşamında bunu çözmek adına olgun başka Hristiyanlarla konuş.

İtiraz 7: "Ben öğrenci yetiştiremem. Kusurluyum, hata yapıyorum ve çok gencim!"

Cevap: Gerçekten Mesih'i izliyorsan, tek yapman gereken *bildiğin* şeyleri paylaşmak, bilmediğin değil. Çevrendeki birçok kişi için, bunun anlamı Müjde'yi duyurmak olacak! Kardeş kilise üyeleri için, bunun anlamı sorular sorarak ruhsal sohbetler başlatman, öğrenmekte olduğun şeyleri paylaşman ve onlar için dua etmen olabilir. Mesih'i gerçekten izleyen herhangi biri öğrenci yetiştirebilir.

ÖĞRENCİ YETİŞTİRME

SONUÇ

Öğrenci yetiştirme, bir başkasının yaşamında bilinçli bir şekilde ruhsal anlamda iyilik yaparak, onun İsa'yı izlemesine yardımcı olmaktır. Biz Hristiyan'ız çünkü birisi bizim için bunu yaptı ve o kişi için de bir başkası bunu yaptı. Bu ta ilk öğrencilere kadar böyle gider. İsa'nın esas görgü tanıkları kendilerine O'nun tarafından buyrulanları öğrettiler ve böylece *duyan* tanıklar yaratmış oldular. Bugüne kadar böyle geldi ve şimdi sıra bizde. Tanrı'nın mutlak hâkimiyetinin altında, gelecek öğrenci neslinin durumu, bizim ilk öğrencilerin örneğini ne kadar takip ettiğimize bağlıdır. Öğrenci yetiştirme, kendi Mesih öğrenciliğimizin bir parçasıdır.

•••

Ama şu ana kadar, bire bir olarak öğrenci yetiştirmeyi teşvik ettim. Ayrıca başka imanlılarla olan bazı öğrenci yetiştirme ilişkilerimiz, kilise üyelerinin dışında da gerçekleşebilir. Yine de Mesih'in sevgisinin etrafımızdaki dünyada açıkça görülmesi için (bkz. Yu. 13:34–35), öğrenci yetiştirme faaliyetlerimizin çoğu yerel kilise bağlamında gerçekleşecektir. Her Hristiyan sadece bir başka Hristiyan'a muhtaç değildir. Her birimiz tüm bir bedene muhtacız! Bir sonraki kısımda bundan söz edeceğiz.

2. Kısım

NEREDE ÖĞRENCİ YETİŞTİRMELİYİZ?

5

YEREL KİLİSE

Dawson Trotman'ın olağanüstü bir hikâyesi vardır. 1930'larının başında genç bir kereste işçisi olan Trotman, 2.Timoteos 2:2 ayetinden ilham alır: "Birçok tanık önünde benden işittiğin sözleri, başkalarına da öğretmeye yeterli olacak güvenilir kişilere emanet et." Lise öğrencilerine birbirlerini öğrenci olarak yetiştirmeyi öğretmeye başlar ve sonrasında 1933'te, The Navigators adlı bir grup kurarak bu işi Birleşik Devletler Donanması'na kadar büyütür. Bir denizciye rehberlik eder ve o denizci de USS *West Virginia* adlı gemideki birçok kişiye rehberlik eder. Gemi Pearl Harbor'da batmadan önce, 125 adam Mesih'te büyüyor ve inançlarını paylaşıyorlardır. II. Dünya Savaşı sırasında The Navigators hizmeti Birleşik Devletler Donanması'nın gemilerinde ve tüm dünyadaki üslerinde binlercesine yayılır.

The Navigators 1951'e kadar, artmakta olan askerî nüfusta çalışmaya devam etmiş, o tarihte ayrıca Nebraska Üniversitesi'nin kampüsündeki öğrencilerle de çalışmaya başlamıştır. Trotman 1956'da New York'un kuzey kesiminde bir kız çocuğunu boğulmaktan kurtarırken ölür. Ama hizmet devam etmiştir. Bugün, dünya çapında yüzlerce üniversite kampüsü, müjdeleme yapan ve öğrenci yetiştiren bir Navigators grubuna sahiptir.

The Navigators'ın web sitesi bu kuruluşu şöyle tanımlıyor: "insanların yaşam seferlerinde (navigasyonlarında) İsa Mesih'te büyümelerine yardım eden bir Hristiyan hizmeti." Ayrıca şöyle söylüyorlar: "İnsanlarla yaşam yaşama rehberlik –ya da öğrenci olarak yetiştirme–ilişkileri kurarak, onları Tanrı'nın yüceliği için çevrelerindeki insanlar üzerinde bir etki yaratacak şekilde donatarak, İsa Mesih'in İyi Haberi'ni yayıyoruz." Onların hizmetleri için, özellikle de öğrenci yetiştirme konusundaki hizmetleri için şükrediyorum.

PEKİ YA KİLİSE?

Bunları söylemişken, bu iki özet ifadenin aslında kiliselerin yapmaları gereken şeyi tarif ettiğini görmek ilginç!

Bazıları The Navigators gibi kilise ötesi (parachurch) hizmetlerin, kilisenin yerini alacağından dolayı endişelerini dile getirir. Ötesi demek, *yanında* demektir ve bu kilise ötesi hizmetlerin gerçekten kiliselerin yanında mı, yoksa onlardan *ayrı* mı olduğunu sormak önemlidir. Kesinlikle bazı koşullar –Büyük Okyanus'un ortasındaki savaş gemilerinde bulunan denizciler gibi– yerel kiliseden ayrı bir şekilde öğrenci yetiştirmeyi gerektirir. Ama bununla birlikte, öğrenci yetiştirme ve büyütme söz konusu olduğunda, sanki denizdeki bir gemide kalmışsınız gibi, yerel kilisenin yerine bir kampüs hizmetini veya iş adamları topluluğunu kullanmak feci halde yanlış olur.

Eğer bir kilise olmadan öğrenci yetiştirmek bilgece değilse, öğrenci yetiştirme olmadan kilise sürdürmek daha kötüdür. Ama birçok yerel kilisede durum böyle değil mi?

Hristiyanlar kiliselere katılıyorlar ama onlara kimse yanaşmıyor. Mesih'e hizmet etmeyi öğrenmek için ailelerle yaşayan bekarlar kültürü yok. Uluslararası öğrencilere Müjde'yi duyurma kültürü yok. Konukseverlik az. Sadece fırsat oldukça Pazar öğle yemeğine ya da Perşembe akşam yemeğine davetler var. Hiçbir adam eşine çobanlık etmiyor ve genellikle genç kadınları yetiştiren eşler veya yaşlı kadınlar yok. Üyeler arasında Kutsal Kitap danışmanlığı yok. Danışmanlık sadece ofislerde yapılıyor. Sırf müzik tarzı beğenilmediği için, bu müzik başkalarına hizmet ediyor olsa dahi, o kiliseye gidilmiyor. Sıkıntıda olan bir aileye ya da evliliğe yardım etme düşüncesi yok. Farklı ten rengi ya da dili olan insanlara çok az ulaşılıyor. Genç adamların diğer genç adamlarla buluşup Kutsal Yazılar'ı çalışması da, eğer oluyorsa, bir hayli az.

Bunun gibi kiliselerde, bazılarının yüzünü kilise ötesi hizmetlere dönmesi şaşırtıcı değildir. Tecrübeleri onlara, yetiştirme fırsatlarına bakılacak son yerin yerel kilise olduğunu öğretmiştir.

ÖĞRENCİ YETİŞTİRİCİ OLARAK KİLİSENİN KENDİSİ

Ancak Kutsal Kitap yerel kilisenin öğrenci yetiştirme için doğal ortam olduğunu öğretir. Hatta, yerel kilisenin *kendisinin* Hristiyanların temel yetiştiricisi olduğunu öğretir. Bunu, haftalık bir araya gelmeler ve hesap verme yapıları aracılığıyla (bu bölümde bahsedeceğim), ayrıca da ihtiyarlar ve üyeler (bir sonraki bölümde bahsedeceğim) aracılığıyla yapar. Bunlar da karşılığında şu ana kadar ele aldığımız bire bir yetiştirme bağlamını sağlar.

Bir araya gelen yerel kilise, bu amaç doğrultusunda armağanları olanlar aracılığıyla Tanrı'nın bütün öğütlerini vaaz etmekten sorumludur. Yerel kilise vaftiz aracılığıyla güvenilir iman ikrarlarını onaylar. Rab'bin Sofrası aracılığıyla Rab'bin ölümünü ve bu ölümün birçoklarını bir yaptığını ilan eder. Aforoz aracılığıyla da tövbesiz yaşamı iman ikrarıyla çelişen kişileri üyelikten çıkarır.

ÖĞRENCİ YETİŞTİRME

Buraya kadar saydıklarım bir kilisenin iskelet yapısını oluşturur. Sonrasında ilişkiler alanına geliriz ki, bunlar kilisenin eti ve kasıdır. Yaşamı paylaşarak, kilisenin üyeleri İsa'nın onları sevdiği gibi birbirlerini sevmeyi pratik ederler: "Size yeni bir buyruk veriyorum: Birbirinizi sevin. Sizi sevdiğim gibi siz de birbirinizi sevin. Birbirinize sevginiz olursa, herkes bununla benim öğrencilerim olduğunuzu anlayacaktır" (Yu. 13:34–35). İsa'nın kendi öğrencilerine olan sevgisi nasıl bir sevgiydi? İsa onları sürekli Baba'nın sözlerine yönlendiren bir sevgiyle seviyordu. Sevgisini Baba'ya itaat ederek sergiledi. Onlar için yer hazırlandığının güvencesini böyle verdi. Sonunda da onlar bağışlansın diye kendi canını feda etti. Şimdi düşünün: Biz de en iyi nerede bu şekilde sevebiliriz? Cevap: Vaftiz aracılığıyla tövbeyi onayladığımız, Sofra aracılığıyla birçoklarının bir olduğunu onayladığımız, bağışlama aracılığıyla kendi planlarımızı ve davalarımızı bıraktığımız ve böylece birbirimizi Baba'nın ve Oğul'un sözlerine yönlendirerek sevebileceğimiz bir çevrede. Et ve iskelet bir araya gelir. Bu en basit yollarla yerel kilise, tüm Hristiyanların temel yetiştiricisidir.

Kiliselerimiz hiçbir zaman mükemmel olmayacak. Ama eğer cennet, Jonathan Edwards'ın söylediği gibi (ve 1. Korintliler 13'te ima edildiği gibi) "bir sevgi dünyası" ise, o halde bir yerel kilise o dünyanın bir fragmanı veya ön tadımı olmalıdır.

BİR ARAYA GELMEK

Kilisenin öğrenci yetiştirme işi, son derece basit bir tabirle, bir araya gelmekle başlar. İbraniler'in yazarı şöyle der: "Birbirimizi sevgi ve iyi işler için nasıl gayrete getirebileceğimizi düşünelim. Bazılarının alıştığı gibi, bir araya gelmekten vazgeçmeyelim; o günün yaklaştığını gördükçe birbirimizi daha da çok yüreklendirelim" (10:24–25).

Buradaki hedefin İsa'yı izleme konusunda birbirimize yardımcı olmak olduğuna ya da İbraniler'de geçtiği şekilde, birbirimizi sevgi ve iyi işler için gayrete getirmek olduğuna dikkat edin. Peki yazara göre, bir kilise bu hedefi nasıl gerçekleştirebilir? Bir araya gelmeyi ihmal etmeyerek. Bir araya gelerek! Birbirimizi bu şekilde "gayrete" getiririz. Yazarın bizden istediği şey, tekrar tekrar ve düzenli olarak bir araya gelmemiz ve düzenli toplantıların İsa'yı izleyişimizi ve başkalarına bu yolda yardımcı oluşumuzu şekillendirmesidir.

BİR YETKİ YAPISI

Bu, İsa'nın tasarıydı. İsa Onikiler'e kendisinin kim olduğunu sorduğunda, onları yetiştirmekteydi. Petrus, İsa'nın uzun zamandır vaat edilmiş olan Mesih olduğunu ikrar etti. İsa, Petrus'un cevabını "göklerdeki Baba"nın adına onayladı ve ardından bu doğru ikrarı yapan Petrus'un üzerine kilisesini kuracağını vaat etti. Daha sonra, ilginçtir ki, İsa bir yetki yapısı teşkil etmeye başlar. Petrus'a, kendisinin ona karşı yapmış olduğu şeyi yapma yetkisini verir: "gökte" bağlanan ya da çözülen her şeyin "yerde" de bağlanması ve çözülmesi. Yani, Petrus ve diğer elçiler insanların iman ikrarlarını dinleyebilecek ve gökler adına bu ikrarları ya da ikrar edenleri onaylayabilecek ya da reddedebileceklerdi; tıpkı İsa'nın Petrus'a yaptığı gibi (Mat. 16:13–20).

Daha sonra, İsa aynı yetkiyi yerel kilisenin ellerine bırakır. Bir kişinin iman ikrarıyla yaşamının çeliştiğinin düşünüldüğü bir durumda, İsa bir araya gelen kiliseye bağlama ve çözme yetkisini verir. Kilise kişinin ikrarını onaylamaya devam etme ya da kişiyi üyelikten çıkarma konusunda yargıya varmaya ihtiyaç duyacaktır (bkz. Mat. 18:15–20).

ÖĞRENCİ YETİŞTİRME

Kısacası, bir araya gelen topluluk kimin Mesih'in bedenine ait olduğunu ya da kimin bir Mesih öğrencisi olduğunu onaylama ya da onaylamama yetkisine sahiptir. Bunu yaparak, öğrenci yetiştirme için hesap verme ortamını da sağlamış olur. Yetiştirdiğim bu kişi imanlı olmayan biri mi? İmanlı mı? İmanlı değilmiş gibi yaşadığı kendisine söylenmesi gereken biri mi?

BİRBİRİMİZİ VAFTİZ ETMEK VE BİRBİRİMİZE ÖĞRETMEK

Bir kilise kimlerin Mesih öğrencileri olduğunu tam olarak nasıl onaylar? Vaftiz ve Rab'bin Sofrası aracılığıyla. Gök ve yer üzerindeki bütün yetkiyi aldıktan sonra, İsa kendi öğrencilerine, gidip bütün ulusları öğrenciler olarak yetiştirmelerini, onları Baba, Oğul ve Kutsal Ruh'un adıyla vaftiz etmelerini ve onlara öğretmelerini buyurur. Birisini vaftiz etmek, o kişinin "İsa'yla olduğunu" resmi olarak tanımak anlamına gelir. Bunun ardından, İsa'yı temsil eden bu kişilere öğretilmesi gerekir (Mat. 28:18–20). Ayrıca Pavlus'un da dediği gibi, Rab'bin Sofrası aracılığıyla, "Çok olduğumuz halde bir bedeniz" (1.Ko. 10:17).

Elçilerin İşleri kitabına ve Mektuplar'a geçtiğimizde, elçilerin öğrenci yetiştirme programını buluyoruz. Onlar birbirleriyle alakası olmayan bir grup insanın içinde amaçsızca gezinen yetiştiriciler değiller. Bundan ziyade, insanları bire bir öğrenci yetiştirmenin ve paydaşlığın sonrasında gerçekleşeceği yer olan kiliseler içerisine vaftiz ediyorlar. Petrus Pentikost Günü Müjde'yi vaaz ediyor; insanlar tövbe edip vaftiz oluyorlar; bu insanlar ekmek bölmek üzere hem evlerinde hem de tapınağın avlusunda bir araya geliyorlar; ve tüm bunlar bir kiliseyi, yani Yeruşalim'deki kiliseyi oluşturuyor. Sonrasında öğrenciler uluslar arasına dağılıp öğrenciler yetiştiriyorlar ve bunu vaftiz ve öğretişten, Rab'bin Sofrası'ndan veya Tanrı tarafından yetenek bahşedilmiş öğretmenlerden *ayrı olmayan* bir biçimde yapıyorlar. Öğrenciler itaat eden ve başkalarına itaati öğreten kiliseler kuruyorlar.

Yeni Antlaşma'da yerel kilise, öğrencilerin itaatinin ve yetiştirme işinin tam merkezindedir. İsteğe bağlı değildir; temeldir. Bir sonraki bölümde bu konuda, özellikle de ihtiyarların ve üyelerin işi açısından daha fazla düşüneceğiz.

6

PASTÖRLER VE ÜYELER

Bir önceki bölümde üzerinde durduğumuz gibi, yerel kilise öğrenci yetiştirme ilişkilerinin doğal arenasıdır. Öğrenci yetiştirmeyi kilisenin bir araya gelmesi çerçevesinde ele aldık. Kilisenin ruhsal törenler aracılığıyla sahip olduğu hesap verme sorumluluğunu ele aldık. Yine de, kilisenin yaşamında incelenmeye değer iki konu daha var: pastörlerin işi ve topluluğun ya da üyelerin sorumluluğu. Bu iki şey de, Hristiyan yaşamındaki olağan öğrenci yetiştirme işi için oldukça önemlidir.

PASTÖRLER TANRI'NIN SÖZÜ'YLE ÖĞRENCİ YETİŞTİRİR VE ÖĞRENCİ YETİŞTİRENLERİ DONATIRLAR

Pastörler hakkında düşünerek başlayalım. Yeni Antlaşma'da pastörün ya da ihtiyarın esas rolü (iki kelime birbirinin yerine geçecek şekilde kullanılıyor), Tanrı'nın Sözü'nü öğreterek öğrenci yetiştirmektir. Öncelikle bunu müjdeci olarak yaparlar. Pavlus Timoteos'a, "müjdeci olarak işini yap" diyor (2.Ti. 4:5) çünkü iman, Mesih'in Sözü'nün duyulmasıyla gelir (Rom. 10:17).

Ama daha geniş çaplı bakıldığında, Tanrı pastörleri Tanrı'nın Sözü'nü öğreterek kiliseyi öğrenci olarak yetiştirmeleri için ayırmaktadır. Pastörler hem toplu bir araya gelişlerde hem de birebir ya da küçük gruplarda öğretirler. Pastörlerin öğretmedeki hedeflerinden biri de, hizmet işlerinde kiliseyi donatmaktır. Öyle ki, kilise sevgide kendi kendini bina edebilsin (Ef. 4:11–16). Pastörler, üyelerin yetiştiren kişiler olabilmeleri için onları yetiştirirler.

Pastörler veya ihtiyarlar kiliselere ne büyük bir armağandır! Petrus bunun büyük bir örneğidir. Pentikost'ta müjdeci bir biçimde vaaz verdi. Kutsallara mektuplar yazdı. Dahası, hem öğrettikleri hem de yazdıkları Eski Antlaşma'dan Tanrı Sözü'nün açıklamasıydı.

Pavlus da iyi bir örnektir. Genç pastör Timoteos'a öğretilerine dikkat etmesini söyledi (1.Ti. 4:16). Timoteos'a yazdığı her iki mektubu da, pastörlerin Söz'ün adamları olmaları, Söz tarafından bizzat şekillendirilmiş olmaları ve başkalarına öğretecek nitelikte olmaları yönündeki düşünceleriyle doludur.

Bulunduğunuz bir kilisede Tanrı'nın Sözü'nü duymadan geçen zaman için söyleyebileceğim en iyi şey, zamanınızı boşa harcıyor olduğunuzdur. Çünkü pastörlerin Sözü öğretmesi, bir kilisenin öğrenci yetiştirme hizmetinin esasını oluşturur. Kilisedeki diğer yetiştirme ilişkilerini besleyen yiyecek ve suyu sağlar. Bunu geçen Pazar deneyimlemiş ve umarım bir ihtiyardan öğüt almak istediğiniz son seferde de deneyimlemişsinizdir. Deneyimlemediyseniz, kilisenizi değiştirin. Tanrı Sözü'nün size öğretileceği bir kilise bulun. Hem ruhunuzun iyiliği için hem de başkalarına yardımcı olabilmek için bunu yapın.

PASTÖRLER VAFTİZLE VE RAB'BİN SOFRASI'YLA ÖNDERLİK EDERLER

Söz hizmetiyle bağlantılı olan diğer hizmet de ruhsal tören hizmetidir. Ruhsal törenler de öğretir. Örneğin Sofra, Mesih'in gelişine dek O'nun ölümünü "ilan eder" (1.Ko. 11:26). Ruhsal törenler kilisenin "sınırlarını çizdiği" kadar, geçen bölümde de gördüğümüz gibi, Hristiyan yaşamı için hesap verme sorumluluğu da sağlar. Üyelerin kimler olduğunu belirler. Bu öğreti ve hesap verme konularında önderlik etmek pastörlere düşer. Genel olarak konuşursak, vaftiz adaylarıyla ve üye adaylarıyla mülakat yapma işi onlarındır. "Nasıl Hristiyan oldun?" ya da "Müjde nedir?" gibi sorular sorarlar. Toplulukçu görüşteki birisi olarak, üyelik ve ruhsal törenlere kimin katılacağına yönelik kararlarda son yetkinin topluluğa ait olduğuna inanıyorum. Ancak normal olarak topluluk, ihtiyarların önderliğini takip etmelidir. Tüm topluluk adına bir disiplin meselesi söz konusu olduğunda da, ihtiyarlar önderlik ederler. Bir aforoz eylemi olarak birisinin Rab'bin Sofrası'ndan ve üyelikten çıkarılmasını salık vererek, kiliseye tövbe edilmeyen günah karşısında ne yapılması gerektiğini öğretirler.

Tüm bu yollarla, ihtiyarlar kilisenin şekillenmesine ve kilisenin öğrenci yetiştirmenin filiz verdiği bir ortama dönüştürülmesine yardımcı olurlar. Üyelerin birbirlerini yetiştirmelerini kolaylaştırırlar. Onları kimsenin bir diğerinden resmi olarak sorumlu olmadığı, herkesin kendince Müjde'yi ve Müjde sadakatini tanımlamakta özgür olduğu bir başına buyruk kalabalık olmaktan alıkoyarlar. Hesap verme sorumluluğu olmadığında, genç bir imanlının bir diğerini öğrenci olarak yetiştirmesi ne kadar kolay olabilir? Hatta imanlıları sapkınlardan ve ikiyüzlülerden ayırmayı nasıl bilebilir?

ÖĞRENCİ YETİŞTİRME

PASTÖRLER ÖRNEK SUNARLAR

Çarmıh modelini ortaya koymanın genel olarak öğrenci yetiştirmenin olmazsa olmaz bir unsuru olduğu zaten gördük. Pavlus'un dediğini hatırlayın: "Mesih'i örnek aldığım gibi, siz de beni örnek alın" (1.Ko. 11:1).

İhtiyarlar, Kutsal Ruh tarafından verilen ve topluluk tarafından örnek alınacak modeller olarak tanınan adamlardır. Kusursuz değildirler ama ayıplanacak yönleri de yoktur. Bu yüzden Pavlus, Timoteos ve Titus'a ihtiyar niteliklerini açıklarken karakterin önemini vurgular (1.Ti. 3:1–7; Tit. 1:6–9). Ayrıca İbraniler'in yazarı şu öğütte bulunur: "Tanrı'nın sözünü size iletmiş olan önderlerinizi anımsayın. Yaşayışlarının sonucuna bakarak onların imanını örnek alın" (13:7). Dikkat edin, yazar herhangi bir önderi örnek almaları gerektiğini söylemiyor. "Önderleriniz" diyerek, onları kendi önderlerini izlemeye yönlendiriyor.

Bu dünyadan göçmüş olan pastörlerin kitaplarından öğrenmeniz iyidir. İnternetten başka vaizlerin vaazlarını izlemekten keyif almanızda sorun yoktur. Ancak Kutsal Yazılar sizi, *size Tanrı Sözü'nü aktaran* pastörlerin imanını örnek almaya çağırır. Sizin için hesap verecek olan adamlar bunlardır (İbr. 13:17). Onlar için tehlike daha büyüktür. Dolayısıyla öğrenciliğinizin bir parçası olarak onların yaşamlarını izleyin ve onlardan başkalarını yetiştirmeyi öğrenin.

Yerel kilise öğrenci yetiştirme ilişkilerinin doğal arenasıdır çünkü pastörler oradadır!

TOPLULUK PASTÖRLERİN HİZMETİNDEN ALIR VE ONLARI DESTEKLER

Ama şimdi topluluğun, yerel kiliseye öğrenci yetiştirme ilişkilerinin doğal arenası olma noktasında nasıl yardımcı olduğunu düşünelim. Topluluğun nasıl ihtiyarların hizmetinden aldığından ve bu hizmeti desteklediklerinden başlayalım. Topluluğun ihtiyarlardan almasının ve onlara destek olmasının, onların hizmetlerini gerçekleştirmelerini mümkün kılan ve Mesih'ten gelen armağanlar olduğunu fark ediyorsunuz, öyle değil mi? İhtiyarlar, topluluğun içten desteklerinin yanı sıra sevgilerine ve dualarına da ihtiyaç duyarlar. Kilise, üyelerin pastörlerini onurlandırmaları ve onlara tabi olmalarıyla "işler." Hristiyanların bu dinamiği çok kolay bir şekilde gözden kaçırmaktadırlar.

Pavlus'un Selanikliler'e nasıl tavsiyede bulunduğuna bakın: "Kardeşler, aranızda çalışanların, Rab yolunda size önderlik edip öğüt verenlerin değerini bilmenizi rica ederiz. Yaptıkları işten ötürü onlara fazlasıyla saygı, sevgi gösterin" (1.Se. 5:12–13). İyi yöneten ve öğretenlerin, mali bir terim kullanarak "iki kat saygıya" layık olduklarını söyler (1.Ti. 5:17). Galatyalılar'a da şöyle der: "Tanrı sözünde eğitilen, kendisini eğitenle bütün nimetleri paylaşsın" (6:6). Bir erkek kardeşe Tanrı tarafından Sözü'nü öğretmesi için armağan verildiyse ve kendisi buna çağrıldıysa, yaşamını idame ettirmesi için kilisenin yardım etmesi kilisenin yararınadır çünkü böylece o kişi öğretmeye odaklanabilir. Onun kiliseyi donatma olanağı, kilisenin onu ne kadar aldığına bağlıdır.

TOPLULUK BAZEN PASTÖRLERİN HİZMETLERİNİ REDDETMEK ZORUNDADIR

Aynı zamanda, ihtiyarların Tanrı'nın Sözü'nü reddettikleri durumda onları reddetmeye hazır olarak, bir topluluk öğrenci yetiştirme kültürünün gelişmesine katkıda bulunur. Yetiştirmek başkalarının İsa'yı izlemesine yardımcı olmak anlamına geliyorsa, topluluğun kötü öğretmenleri hoş görmesi, başkalarının İsa'yı izlemesine yardımcı olmaz. Ne yazık ki, birçok pastör Tanrı'nın Sözü'nü reddetmiştir ve çok sayıda kilise bu konudaki sorumluluklarının farkına varmamıştır. Yeni Antlaşma, katlanılan ciddi sahte öğretiler karşısında topluluğun sorumluluğu olduğunu öğretir. Pavlus sadece sahte öğretmenleri değil, aynı zamanda kulaklarını okşayan sözler duymak için çevrelerine kendi arzularına uygun öğretmenler toplayan üyeleri de suçlar (2.Ti. 4:3).

Kutsal Kitap topluluğun sahte öğretmenleri reddetme sorumluluğunu tanımaktadır. Hatta Pavlus, Galatya'daki kiliselere Müjde'den uzaklaşan biri üzerinde yetkilerini kullanabileceklerini söyler: "İster biz, ister gökten bir melek size bildirdiğimize ters düşen bir müjde bildirirse, lanet olsun ona!" (Gal. 1:8). Bu yüzden ben de kiliseme sıkça, eğer Kutsal Yazılar'dan taviz verirsem, "beni kovmalarını" söylerim.

Kilise üyesi olarak bu sorumluluğa sahip olduğunuzu bilmek, üyelik konusundaki ciddiyetinizi arttırmalıdır. Bu, Müjde'yi bilmenizi, Müjde üzerinde çalışmanızı ve genel olarak Tanrı'nın Sözü'ne dikkatle yaklaşmanızı gerektirir! Kısacası, sizi daha iyi bir öğrenci yetiştiricisi haline getirir.

ÜYELER BİRBİRLERİNDEN SORUMLUDURLAR

Bir kilisenin üyeleri birbirlerinden de sorumludurlar. Tüm topluluk her bir üyenin –Sarah ve Stephanie, Nick ve Joe– sevilmesinden ve sevmeye teşvik edilmesinden sorumludur (ör. 1.Ko. 12:12–26; İbr. 10:24). Biz tek bir bedeniz: "İşte beden tek üyeden değil, birçok üyeden oluşur. Ayak, 'El olmadığım için bedene ait değilim' derse, bu onu bedenden ayırmaz" (1.Ko. 12:14–15).

Bu sorumluluğun birçok şekli vardır. Pavlus'un yazdığı şu kısa metinde kaç tane "birbiriniz" geçtiğini bir sayın: "Birbirinize kardeşlik sevgisiyle bağlı olun. Birbirinize saygı göstermekte yarışın...İhtiyaç içinde olan kutsallara yardım edin. Konuksever olmayı amaç edinin...Sevinenlerle sevinin, ağlayanlarla ağlayın. Birbirinizle aynı düşüncede olun" (Rom. 12:10–16). Burada tarif edilen, kendi üyelerine karşı sorumluluk taşıyan bir topluluktur.

Yine de sizin görmenizi istediğim şey, çoğu bireysel olarak yerine getirilecek bu "birbiriniz" sorumluluklarının, kendisinden toplu olarak sorumlu olan bir topluluk bağlamında gerçekleşmesidir. Yukarıda ihtiyarların hesap verme ve disiplindeki önderlik rolünden bahsettim. Ancak Yeni Antlaşma nihayetinde iman ikrarları ve aralarındaki antlaşmaya uygun yaşamalarını sağlama sorumluluğunu bir araya gelen topluluk üyelerine yüklüyor. Matta 18'de İsa'nın söylediği budur. Pavlus da tövbe etmeyen adamı üyelikten çıkarmak konusunda pastörleri değil, topluluğu tembihler (1.Ko. 5). Topluluğun, tövbe ettiğini kanıtlayan birini geri getirmesini de söyler (2.Ko. 2:6). Bu toplu sorumluluk hem öğrenci yetiştirmenin bir parçasıdır, hem de bire bir öğrenci yetiştirme işinde başlı başına bir araçtır.

Bir örnek vereyim. Diyelim ki iki Hristiyan arkadaşım var. Bunlardan biri kilisemin üyesi, diğeriyse değil ve ben ikisini de yetiştirmeye çalışıyorum. Kilisemden olan kardeşleyken, Pazar vaazına vurgu yapabilirim. İhtiyarlarımızın ortaya koydukları modele vurgu yapabilirim. Zorunda kalırsam, tövbe etmediği bir günahından ötürü disiplin tehdidinden bahsedebilirim. Üstelik tüm bu durumlarda bu kardeşin peşine düşmenin, *toplu sorumluluğumun bir parçası olarak* benim kişisel sorumluluğum olduğunu biliyorum. Ayrıca yetiştirme ilişkimizin böyle bir hesap verme bağlamında gerçekleşiyor olması gerçeği, benim sahiplenme ve ilgilenme duygumu da kuvvetlendiriyor. Nasıl başka kadınlardan ziyade kendi eşimden ve başka çocuklardan ziyade kendi çocuklarımdan sorumluysam, bu kardeşten de sorumluyum.

Kilisemin üyesi *olmayan* kardeşe gelince, Mesih'ten dolayı onu sevmekten, teşvik etmekten, tövbe etmediği günahların sonuçları konusunda onu uyarmaktan sorumluyum. Ama onun yaşamında nihai hesap verme yapısını oluşturma konusunda İsa'nın görevlendirdiği kişi ben değilim. Bu sorumluluk *onun* kilisesinin üyelerindedir. Bu gerçeğin beni ona karşı daha umursamaz yapacağını söylemek istemem. Ama nasıl sizin çocuklarınıza karşı kendiminkilerden daha az sorumluysam, bu kişiye karşı da daha az sorumluluğum var. Kilisenin kendine karşı olan sorumluluğunun öğrenci yetiştirme işine nasıl katkıda bulunduğunu görüyor musunuz? Bedenin iskeletinin, etinin ve kaslarının nasıl bir arada durduğunu görüyor musunuz?

Topluluk olarak birbirimize karşı olan yükümlülüklerimizi şekillendirip resmiyete dökmek, kiliseye üye olan her bir kişiye adanmamıza yardımcı olur. Sahiplenme ve sorumluluk duygumuza katkıda bulunur. Öğrenci yetiştirme ilişkilerimize biçim ve şekil verir.

ÖĞRENCİ YETİŞTİRME KÜLTÜRÜ

Sonuç olarak, toplu sorumluluklarımız ve bireysel sorumluluklarımız bir öğrenci yetiştirme kültüründe harmanlanır. Birbirimize Söz'ü okur ve Söz'ü konuşuruz. Birbirimizle zaman geçiririz. İhtiyarlar ve birbirimiz için dua ederiz. Severiz. Veririz. Haftalık toplantılara dua ve bekleyiş içinde katılırız. Hazır geliriz. Tanrı'nın Sözü'nü almaya hazır olmak adına yüreklerimizi çapalarız. Bize Mesih'i nasıl izleyeceğimizi gösteren önderlerimizi örnek alırız. Yanlış yöne götürmedikleri sürece ihtiyarların bilge önderliğine tabi oluruz. Topluluğun bize göz kulak olarak ettikleri kâhyalığa saygı duyarız. Birbirimize öğütler verir, birbirimizi teşvik eder ve uyarırız: "Ağzınızdan hiç kötü söz çıkmasın. İşitenler yararlansın diye, ihtiyaca göre, başkalarının gelişmesine yarayacak olanı söyleyin" (Ef. 4:29).

Kilisenin yaşamında, ruhsal büyüme ve sağlık oranın normu olmalıdır. İnsanların ruhsal olarak büyümelerini ve olgunlaşmalarını görmek normal olmalıdır. Gerçekte, ruhsal büyüme Hristiyanlar için bir seçenek değildir; yaşamın belirtisidir. Gerçekten canlı olan şeyler büyür. Ölü şeylerse büyümez. Tanrı, büyümenin gerçekleşmesi için armağan olarak kiliseye ihtiyarları ve bizlere de birbirimizi vermiştir. Üyeleri ve pastörlerin hep birlikte antlaşma içinde olduğu tüm bu ilişkilerin bağlamı içerisinde, öğrenci yetiştirme ilişkilerinin doğal (ve doğaüstü) olarak büyümesi için en zengin toprağı (Hristiyan ailesiyle birlikte) buluruz. Doktrinimiz ve yaşamımız, biçimini topluluğun doktrininden ve yaşamından alır. Bu bir öğrenci yetiştirme kültürüdür.

Kişisel olarak müjdelemekte zorluk çekiyor musunuz? Öyleyse, umuyorum ki yardım, dua ve tanıklıklar için kilisenizin diğer üyelerini dinlersiniz.

Evliliğinizden şu anda mutlu musunuz, yoksa sıkıntı mı çekiyorsunuz? Teşvik ve öğüt aramanız gereken yer yerel kilisedir. Birbirimizi öğrenciler olarak yetiştirirken, öğretiş aldığımız ve verdiğimiz yer orasıdır.

Yaşlı bir üye zor bir ameliyattan sonra Mesih'i izlemede nasıl dayanıklı kalabilir? Kısmen bir kilisenin teşviki ve sevgisi aracılığıyla.

Genç bir Hristiyan kendi arkadaşı imandan uzaklaşınca kırılan teşviki ve şüphesiyle nasıl başa çıkabilir? Kilisenin desteği ve danışmanlığı aracılığıyla.

ÖĞRENCİ YETİŞTİRME

Bizler nasıl bir eş bulacak, bir aile kuracak, iyi bir çalışan olacak ya da sadık bir komşu olacağız? Yerel kilisenin öğretişi ve orada bulduğumuz yetiştirme aracılığıyla.

Başka kiliseler nasıl başlatılır ve teşvik edilir? Hristiyan evler nasıl temellenir ve beslenir? Hizmet için kilise görevleri ve fırsatlar nasıl paylaşılır? Zayıflar nasıl güçlendirilir, kayıplar nasıl aranır, müjdeciler nasıl yüreklendirilir? Hepsi yerel kilise aracılığıyla gerçekleşir!

Bu yollarla ve daha fazlasıyla, birbirimize İsa'yı izlemede yardımcı oluruz. Birbirimizi öğrenci olarak yetiştiririz. Kiliselerin programlara olan ihtiyacı, öğrenci yetiştirme kültürlerine veya her bir üyenin diğerlerinin ruhsal sağlığına öncelik verdiği kültürlere olan ihtiyacı kadar değildir. Her bir üyeye topluluğun ortak yararı için bir armağan verilmiştir ve her biri hangi armağana sahipse, bedeni ruhça geliştirmek adına onu kullanmalıdır: "Çeşitli ruhsal armağanlar vardır, ama Ruh birdir. Çeşitli görevler vardır, ama Rab birdir. Çeşitli etkinlikler vardır, ama herkeste hepsini etkin kılan aynı Tanrı'dır. Herkesin ortak yararı için herkese Ruh'u belli eden bir yetenek veriliyor" (1.Ko. 12:4–7).

Kendi topluluğumda böyle bir kültür için dua ediyor ve çalışıyorum. Hem kendi öğretme hizmetim hem de her üyenin hizmeti aracılığıyla hepimiz komşularımızla Müjde'yi paylaşmaya teşvik edilelim, birbirimizin yüklerini taşıyalım, Tanrı'nın işine maddi olarak katkıda bulunmak için motive hissedelim, Tanrı'nın Sözü'ne ciddi anlamda dikkat kesilelim ve Mesih dışında çok az ortak yanı olan kişilerin birliği için çalışıp duada edelim diye dua ediyorum.

YEREL KİLİSE DAHA İYİDİR

Yerel kilise –Baba'nın tasarladığı, İsa'nın yetkilendirdiği ve Ruh'un armağanlar verdiği bu beden– imanlıları Mesih öğrenciliğinde yetiştirme işini üstlenme konusunda sadece sizden veya bir arkadaşınızdan çok daha iyi bir şekilde donatılmıştır. İsa sizin ve bir arkadaşınızın cehennemin kapılarını alt edeceğine dair vaatte bulunmamaktadır. Kilisenin bunu yapacağına dair vaatte bulunmaktadır. Kendi kendinizi, bir yerel kilisenin yetkilendirilmiş olduğu gibi, Tanrı'nın Sözü'nü öğretme ya da vaftiz etme ve Rab'bin Sofrası'nı uygulama konusunda armağan sahibi ya da çağrılmış biri olarak tanıyamazsınız.

Diyelim ki başka bir şehirde yaşayan ve yıllardır dua ettiğiniz Hristiyan olmayan bir arkadaşınız yarın Hristiyan oluyor ve kendi şehrinde Müjdeci akım bir kiliseye katılmaya başlıyor. O topluluğun sevdiğiniz bu arkadaşınızı nasıl karşılamasını isterdiniz? Muhtemelen topluluğun hep birlikte arkadaşınız için sorumluluk almasını isterdiniz. İhtiyarların ona öğretmelerini isterdiniz. Ayrıca birkaç kişinin onunla iletişim kurmalarını, kanatları altına almalarını ve onu yetiştirmelerini isterdiniz. Kutsal Kitap'ı çalışmanın, doğru yolda yürümenin, müjdelemenin, Hristiyan bir eş ve ebeveyn olmanın, dünyanın gidişatına karşı durmanın ve başkalarını öğrenci olarak yetiştirmenin ne anlama geldiğini ona öğretmelerini ve bu konularda ona örnek olmalarını isterdiniz. O kilise arkadaşınız için böyle bir sorumluluk alsa, ne kadar sevinirdiniz, öyle değil mi?

Peki siz kilisenizin üyelerini bu şekilde karşılıyor ve öğrenci olarak yetiştiriyor musunuz? Şu ana dek başkalarının İsa'yı izlemesine yardımcı oldunuz mu? Başka şehirlerdeki Hristiyanların dualarına cevap mısınız?

ÖĞRENCİ YETİŞTİRME

Böyle değilse, paniğe kapılmayın. Sizden onlarca kişiyi yetiştirmeye başlamanızı istemeyeceğim. Bunun yerine, kilisenizden bir kişiyi düşünmenizi istiyorum. Sadece bir kişi. İsa'yı daha çok takip ettiğini görmeyi arzuladığınız bir kişiyi düşünün. Şimdi, o kişi için dua edin...

Dua ettiniz mi? Sonraki adım olarak, sizce o kişiyi nasıl öğrenci olarak yetiştirebilirsiniz?

Peki, öğrenci olarak yetiştirme ifadesi belki hâlâ gözünüzü korkutuyordur. Başka bir şekilde ifade edeyim: Sizce bu kişinin İsa'yı izlemesine nasıl yardımcı olabilirsiniz? Ya da bu kişinin yaşamında ona nasıl bilinçli bir şekilde ruhsal anlamda iyilik edebilirsiniz? Atabileceğiniz bir ya da iki adım ne olabilir?

Bir sonraki kısımda öğrenci yetiştirmede "nasıl" sorusunu ele alacağız.

3. Kısım

NASIL ÖĞRENCİ YETİŞTİRMELİYİZ?

7

BİR KİŞİYİ SEÇİN

İki kilise üyesini hayal edin. Adları Bob ve Bill olsun. Bob bir Kutsal Kitap öğrencisi. Kutsal Kitap'ın her konuda neler söylediğini bilmekten hoşlanır. Ondan isterseniz, Üçlübirlik doktrinini bile açıklayabilir. Bazı eylemleri Hristiyan olduğunu göstermeyebilir. Hatta, yaşamı hiç de Hristiyan birinin yaşamı gibi değildir. Ama Kutsal Kitap'ı bilir!

Bir de Bill var. Bu gerçeği pek ilan etmez ama Kutsal Kitap'ını pek okumamaktadır. Kesinlikle "iyi" olmak ister. Başkalarını sevmeye çalışır. Ama Bill, İsa'nın kim olduğu ya da kilisenin ne olduğu gibi konularda sağlam bir açıklama yapmakta zorlanır. Ayrıca ahlaki konularda dikkatli bir açıklama yapmakta da pek iyi değildir. Ama başkalarında gördüğü bencil ve kendi kendini tüketen yaşamlardan farklı bir yaşam sürmek ister. Kendisini Kutsal Kitap ya da doktrin insanı olarak görmek yerine ilişki insanı olarak görmeyi tercih eder.

Bu iki kişiden biri size benziyor mu?

Bob insanları daha çok düşünmelidir, Bill ise gerçeği. Aslında, ikisi de İsa'yı daha çok düşünmelidir çünkü İsa, Tanrı Sözü'nün gerçeklerini ve Tanrı halkının yaşamlarını sever. Kilisenin öğrenci yetiştirme işi, bu iki tip kişinin de İsa'yı daha iyi izlemesine yardımcı olmalıdır. İsa, "Ardımdan gelmek isteyen kendini inkâr etsin, çarmıhını yüklenip beni izlesin" demiştir (Mar. 8:34). Bob insanları daha çok severek kendini inkâr etmeli ve İsa'yı izlemelidir. Bill aynı şeyi Tanrı'nın Sözü'nü daha çok sevmeye gayret ederek yapmalıdır. Bir İsa öğrencisi, sadece İsa'yı izlediğini söyleyen bir kişi değildir. Gerçekten izleyendir.

Başkalarını öğrenci olarak yetiştirme hakkındaki herhangi bir konuşma böyle başlamalıdır: İsa'yı izlemenin ne anlama geldiğini hatırlayarak. Öğrenci yetiştirme, başkalarının İsa'yı izlemesine yardımcı olmaktır. Öğrenci yetiştirme inisiyatif alarak, öğreterek, düzelterek, örnek olarak, severek, kendimizi alçaltarak, öğütleyerek ve etkileyerek başkasına ruhsal anlamda iyilik etmeye çalıştığımız bir ilişkidir.

Öyleyse nasıl öğrenci yetiştiririz? Nasıl tam olarak Bob'un imanını yaşama geçirmeyi ve Bill'in imanını daha çok anlamayı arzulamasına yardımcı olabiliriz? Bu ve sonraki birkaç bölümde bu soru üzerinde düşüneceğiz.

Bu soru sadece pastörleri ilgilendirmez. Kutsal Kitap hepimizi bu tür işle görevlendirir. Yuhanna birbirimizi sevmemizi söyler (2.Yu. 5). Pavlus birbirimizi teşvik etmemizi ve ruhça geliştirmemizi söyler (1.Se. 5:11). Ayrıca herkesin Mesih'te olgunlaştığını görmek istediğimizden, birbirimizi eğitmemizi de söyler (Kol. 1:28). İbraniler'in yazarı, birbirimizi sevgi ve iyi işler için nasıl gayrete getirebileceğimizi düşünmemizi söyler (İbr. 10:24).

Karar vereceğiniz ilk konu, kiminle zaman geçirmeniz gerektiğidir. Hafta süresince belirli bir zamanınız var. Tüm kiliseyi yetiştiremezsiniz. Kime yatırım yapacağınıza nasıl karar vereceksiniz? Seçim yapmak zorundasınız.

Elimizdeki Kutsal Kitap'la, kime yatırım yapacağımıza nasıl karar vermeliyiz? Aşağıda üzerinde düşünmek için dokuz etken sıralanmıştır ve muhtemelen bu sırada olmalıdır.

1. AİLE ÜYESİ

Pavlus şöyle yazar: "Kendi yakınlarına, özellikle de ev halkına bakmayan kişi imanı inkâr etmiş, imansızdan beter olmuştur" (1.Ti. 5:8). Kutsal Kitap hem bu metinde hem de başka yerlerde kendi aile üyelerimizden özel olarak sorumlu olduğumuzu öğretir. Tanrı aile içerisinde ömür boyu sürecek ilişkiler ve sevgi ve ilgi için doğal zeminler verir. Bu doğal sevgiler ve sorumluluklar Mesih'e yönelik amaçlarla işe konmalıdır. Özellikle aile üyeleriyle yaşıyorsanız, durum böyledir. Hatta ebeveyn çocuk ilişkisi ya da eşler arasındaki ilişkide olduğu gibi, eğer Kutsal Yazılar size o kişiler için daha özel bir sorumluluk yüklüyorsa, bu durum daha da geçerlidir. Bu ilişkiler sahip olabileceğiniz en önemli öğrenci yetiştirme yükümlülükleridir.

2. RUHSAL DURUM

Hristiyan olmayan arkadaşlarınıza müjdelemelisiniz ama onları sanki Hristiyanlarmış gibi yetiştirmek anlamsızdır. Pavlus bize, "Doğal kişi, Tanrı'nın Ruhu'yla ilgili gerçekleri kabul etmez. Çünkü bunlar ona saçma gelir, ruhça değerlendirildikleri için bunları anlayamaz" der (1.Ko. 2:14). Bir Hristiyan'ı öğrenci olarak yetiştirmek istersiniz.

3. KİLİSE ÜYELERİ

6. bölümde, İbraniler kitabındaki şu yükümlülükler üzerinde durmuştuk:

Tanrı'nın sözünü size iletmiş olan önderlerinizi anımsayın. Yaşayışlarının sonucuna bakarak onların imanını örnek alın...Önderlerinizin sözünü dinleyin, onlara bağlı kalın. Çünkü onlar canlarınız için hesap verecek kişiler olarak sizi kollarlar. Onların sözünü dinleyin ki, görevlerini inleyerek değil –bunun size yararı olmaz– sevinçle yapsınlar. (İbr. 13:7, 17)

Kesinlikle bu ayetler bizi kendi kiliselerimizin önderlerinin sözünü dinlemeye çağırır. Bundan da öte bir çıkarım, daha önceki bölümlerde tartışıldığı gibi, öğrenci yetiştirmenin sıradan yollarının en iyi kişinin kilisesinin ilişkisel bağlamı içinde işlediğidir.

Kendi topluluğumuz için daha büyük bir sorumluluğumuz vardır. Onlara yardım etmemiz ve onlardan yardım görmemiz gerekir. Aynı kilisenin üyeleri aynı ihtiyar grubunu izler ve aynı ihtiyar grubuna tabi olur. Aynı inanç açıklamasını ve aynı kilise antlaşmasını onaylar. Birincil ve ikincil konularda aynı öğretileri alırlar. En azından haftada bir kez birbirlerini görürler. Tüm bu sebeplerden ötürü, öğrenci yetiştirme ilişkilerinin kişinin kendi kilisesinin bağlamında inşa edilmesi daha elverişlidir.

Dahası, bir arkadaşınız sağlıksız bir kiliseye katılıyorsa, onu yetiştirmeniz ruhsal yaşamına zarar verebilir. Nasıl mı? Ruhsal desteğiniz ironik bir şekilde onların Kutsal Kitap'ı öğretmeyen bir kilisede kalmalarını sağlar. Mutlak bir kural olmasa da, arkadaşınızı sağlıklı bir kiliseye katılmaya teşvik etmeniz daha iyi olabilir. Hristiyanların tüm bedene ihtiyaçları vardır, sadece size değil.

4. CİNSİYET

Kutsal Yazılar, öğrenci yetiştirmede cinsiyet konusunda hassastır. Örneğin Pavlus, Titus'a şöyle der: "Aynı şekilde yaşlı kadınlar saygın bir yaşam sürmeli. İftiracı, şaraba tutsak olmamalı; iyi olanı öğretmeli. Öyle ki genç kadınları, kocalarını ve çocuklarını seven, sağduyulu, temiz yürekli, iyi birer ev kadını ve kocalarına bağımlı olmak üzere eğitebilsinler. O zaman Tanrı'nın sözü kötülenmez" (Tit. 2:3–5).

Toplu ortamlarda, erkeklere ve kadınlara öğretirim. Buna ek olarak, hepimizin annesi ve babası, çoğumuzun erkek ve kız kardeşi ya da eşi vardır. Yani, karşı cinsi yetiştirmek ailelerimizin içerisine işlenmiş bir şeydir. Kilisede erkekler ve kadınlarla bir arada antlaşma yaparız ve aile dostları ediniriz.

Ancak söz konusu normal, özel olarak yapılan öğrenci yetiştirme ilişkilerine gelince, erkeklerin erkekleri, kadınlarınsa kadınları yetiştirmesi bilgece olur. Cinsiyetin Tanrı'nın verdiği bir gerçeklik olduğunu bilir ve bunu gerçekçi ve saygılı bir şekilde ele almak isteriz. Kilisedeki herkesi sevmeliyiz ama aynı zamanda yanlış yakınlıklardan kaçınmak için de uğraşmalıyız.

5. YAŞ

Kutsal Yazılar cinsiyet konusunda olduğu gibi yaş konusunda da hassastır. Az önce alıntıladığım Titus metninde, genç kadınların yaşlı kadınlardan öğrendiklerini görüyoruz. Başka bir yerde Pavlus, Timoteos'a kendisinin genç olduğundan ötürü küçümsenmesine izin vermemesini öğütler ama aynı mektupta, yaşlı adamlara saygı duyması için de onu teşvik eder (1.Ti. 4:12; 5:1).

Normalde kendinizden genç birisini yetiştirirsiniz. Bununla birlikte, Kutsal Yazılar gençlerin yaşlılara öğrettiği istisnai örneklerle doludur. Elbette, yaşımız ilerledikçe yaşıtlarımızdan ve hatta bizden daha genç olanlardan öğrenme alçakgönüllülüğünde de ilerlemek isteriz. Aksi halde, öğretmenimiz kalmaz! Kişisel olarak, yetmişlerindeki ve seksenlerindeki kişilerden öğrendiğim kadar, yirmileri ve otuzlarındaki arkadaşlardan da öğreniyorum.

6. SİZDEN FARKLI

Müjde'nin gücünü en çok gösteren şeylerden biri, onun dünyasal kategorilere göre bölünmüş insanlar arasında sağladığı birliktir. "O'nun [Mesih'in] aracılığıyla" der Efesliler kitabı, "hepimiz [Yahudiler ve diğer uluslar] tek Ruh'ta Baba'nın huzuruna çıkabiliriz" (Ef. 2:18). Yahudiler ve diğer ulusları bölen ayırma duvarı çarmıhta yıkılmıştır. Şimdiyse Tanrı'nın bilgeliği, resmiyette bölünmüş olan bu insanların birliği aracılıyla sergilenmektedir (Ef. 3:10). Elbette şu anda kilisenin tecrübe ettiği etnik, ekonomik, eğitimsel ve diğer sınırları aşan bu birlik, "her ulustan, her oymaktan, her halktan, her dilden oluşan, kimsenin sayamayacağı kadar büyük bir kalabalığın", Tanrı'nın tahtının önünde tapınmak için mükemmel bir şekilde birlikte duracağı o günün bir bekleyişidir (Vah. 7:9–10).

Bu pratikte ne anlama gelir? Öğrenci olarak yetiştirecek birini ararken, doğal olarak orta yaşlı anneler birbirleriyle arkadaş olmalı, genç evli çiftler birbirleriyle zaman geçirmeli, yirmili yaşlardaki gençler birlikte takılmalıdırlar. Böyle gruplarda Tanrı'nın büyümeleri için kullanabileceği ortak şeyler vardır. *Ama bir de* üniversite öğrencileriyle zaman geçirdiğinizi ya da çocuklar ve ergenlerle çalıştığınızı ya da İngiltere, Brezilya ve Kore'den gelen kişilere yardım ettiğinizi ya da genç beyaz bir kocaysanız, yaşlı Afrikalı-Amerikalı bir kocayla buluştuğunuzu düşünün.

Tanrı'nın bizden farklı olanlar aracılığıyla bize kendisi hakkında öğretebileceği ne çok şey vardır! Ayrıca Müjde bizim bu birliğimizde, yani yalnızca birbirimizden hoşlanma konusunda bir olmamızda değil, aynı zamanda birbirimizden öğrenme konusunda da bir olmamızda nasıl da sergilenir!

7. ÖĞRETİLEBİLİRLİK

Özdeyişler tekrar tekrar öğretilebilir oğlu metheder ve azarlamayı, terbiyeyi ve öğüdü hor gören ahmağı yerer. Dahası, bize Tanrı'ya dair şunu söyler: "Alçakgönüllülere adalet yolunda öncülük eder, kendi yolunu öğretir onlara" (Mez. 25:9; krş. Özd. 11:2). Bu sebeple, Petrus şöyle öğretir: "Ey gençler, siz de ihtiyarlara bağımlı olun. Hepiniz birbirinize karşı alçakgönüllülüğü kuşanın. Çünkü, 'Tanrı kibirlilere karşıdır, ama alçakgönüllülere lütfeder'" (1.Pe. 5:5).

Sizin ona öğretebileceğiniz ve onun da sizden öğrenebileceği bir şeyin olmadığına inanan birisine öğretmeye çalışarak zamanınızı harcamak istemezsiniz. Öğretilebilir kişilere öğretin. Siz de öğretilebilir bir kişi olmaya gayret edin.

8. BAŞKALARINA ÖĞRETMEDE SADAKAT

Pavlus'un Timoteos'a yazdığı şu sözlerden birkaç kez alıntı yaptım: "Birçok tanık önünde benden işittiğin sözleri, başkalarına da öğretmeye yeterli olacak güvenilir kişilere emanet et" (2.Ti. 2:2).

Herkesi öğrenci olarak yetiştirmek isteriz ama özellikle karşılık veren ve başkalarını da yetiştirecek kişileri yetiştirmek isteriz. Mecbursak, ekleme yaparız ama gerçekten istediğimiz şey katlamaktır. Yalnızca sonraki nesle hocalık etmiyoruz; gelecek olan tüm nesillere ulaşmaya çalışıyoruz!

9. COĞRAFİ YAKINLIK VE PROGRAMLARIMIZ

Son olarak, ister inanın ister inanmayın, Kutsal Kitap zaman ve programlarımız konusunda hassastır. Pavlus şöyle yazar: "Bunun için *fırsatımız varken* herkese, özellikle iman ailesinin üyelerine iyilik yapalım" (Gal. 6:10). Bu ayet gibi, bizi zamanımızı en iyi şekilde kullanmaya çağıran başka ayetler de bulabilirsiniz (örn. Ef. 5:16). Sözünü ettiğim bu son özellik bir bilgelik meselesidir. Ancak genel olarak programı sizin programınızla örtüşen kişileri bulmanızı öneririm. Ayrıca yaşadığınız ya da çalıştığınız yeri ve ailenize, işinize ve kilisenize ayırdığınız zamanları da düşünmelisiniz. Tanrı'nın sizi yapmanızın imkânsız olduğu bir şeye çağırmadığını varsayın.

Bunların hepsinde, elbette, Tanrı bizim yapmamız için iyi işleri önceden hazırlamaktadır (Ef. 2:10). İyi Samiriyeli benzetmesinde olduğu gibi, Tanrı bazen zaman geçirmeyi normalde düşünmeyeceğimiz kişileri karşımıza çıkarabilir. Belki bu kişi, ofisinizde çalışan veya çocukları sizin çocuklarınızla aynı spor etkinliklerine katılan bir kilise üyesi olabilir. Ya da belki birini eşi terk eder ve yas tutan taraf size gelir.

Yani, zaman geçireceğiniz kişiyi seçerken bilge ve düşünceli olun ama Rab'bin takdirinin bazen planlamamızı bozabileceğini de bilin. Hamt olsun ki, O'nun ilahi takdiri bizi O'na bağlı tutar!

TOPARLARSAK...

Diyelim ki programınız yalnızca Bob ya da Bill'le zaman geçirmenize izin veriyor ama ikisiyle vermiyor. Nasıl seçersiniz? Kesinlikle bu konuda dua etmelisiniz ama bunun mutlaka doğru bir cevabı yoktur ve her ikisiyle de zaman geçiremediğiniz için suçlu hissetmemelisiniz. Mesih'in bedenine bu yüzden sahibiz.

İş programı sizinkine daha iyi uyduğundan ya da aynı mahallede yaşadığınızdan ya da eşleriniz zaten iyi arkadaş olduklarından dolayı, Bob'la zaman geçirmeyi seçebilirsiniz. Ya da Bill'i seçebilirsiniz çünkü önümüzdeki yaz Kolombiya'nın başkenti Bogota'ya taşınacaktır ve kendisi başkalarına öğretmeye hevesli görünüyordur. Siz de Bogota'daki kişileri donatabilmesi için onu donatmak istiyorsunuzdur. Gerekçeniz ne olursa olsun, dua edin, bilgelik dileyin ve sonra işe koyulun.

Tüm bunlarda, bilinçli olarak ister bir isterseniz de dört kişiyi yetiştiriyor olun, ruhsal olarak büyüdüğünüzden emin olun ve sonra çevrenizdekilerin büyümesine yardım edin. Bunların ikisi de önemlidir ve her biri diğerine katkıda bulunur.

8

NET HEDEFLERİNİZ OLSUN

Birisini öğrenci olarak yetiştirmek için seçtiğiniz zaman, o ilişki için net hedefleriniz olsun. Büyük hedef elbette o kişinin İsa'yı izlemesine yardımcı olmaktır. Ama tam olarak bunu nasıl yapacaksınız? Gerçek yanlısı Bob gibi birini yetiştirmek ve ilişki yanlısı Bill gibi birini yetiştirmek birbirinden farklı görünecektir (bunlar bir önceki bölümde sözünü ettiğimiz iki karakterdir).

Bununla birlikte, sizi her zaman hem insanların ne anladıkları hem de nasıl yaşadıkları açısından düşünmeye teşvik etmek istiyorum.

İNSANLARIN DAHA ÇOK ANLAMALARINA YARDIM EDİN: YAŞAM → GERÇEK → YAŞAM

Başlangıç seviyesinde, öğrenci yetiştirme süreciniz insanların *daha çok anlamalarına* yardım etmelidir. İnsanların Mesih'teki Tanrı bilgisinde büyümelerini isteriz ve iman Mesih'in sözünün duyulmasından gelir. Pavlus bu nedenle Timoteos'a, kendisine ve öğretilerine çok dikkat etmesi gerektiğini söyler. Pavlus, Timoteos'un bu yolda devamlı yürümesiyle, hem kendisini hem de kendisini dinleyenleri kurtaracağını söyler (1.Ti. 4:16).

ÖĞRENCİ YETİŞTİRME

Öğrenci yetiştirme aracılığıyla, insanların neden Hristiyanların dua ettiklerini, neden Müjde'yi paylaştığımızı, neden bir kiliseye üye olduğumuzu, neden Tanrı'nın mutlak hâkimiyetine ilişkin bilginin yaşayış şeklimizi etkilediğini ve daha fazlasını bilmelerini istersiniz. Öğrenci yetiştirmek yalnızca birbirine hesap vermek ve davranışlar üzerinde değişiklikler yapmakla ilgili değildir. İsa bize itaat etmeyi öğreterek öğrenciler yetiştirmemizi söyler ama onlar kendilerine öğretilmemiş şeylere itaat edemezler. Öncelikle öğretmemiz gerekir.

Herhangi bir öğrenci yetiştirme ilişkisinin merkezinde Tanrı'nın Sözü olmalıdır. Bu yüzden öğrenci yetiştirme süreci, birisiyle birlikte Kutsal Kitap'ın içerisindeki bir kitabı ana hatlarıyla belirlemeyi ya da Sözü bir başka yöntemle çalışmayı içerebilir. Pavlus'un da belirttiği gibi, bir başkasına "yaşam sözüne sımsıkı sarılmakta" yardımcı olmamız gerekiyor (Flp. 2:16). Ne harika bir tabir! Okuyarak, anlayarak ve itaat ederek yaşam Sözü'ne sımsıkı sarılmaları için insanları teşvik edin. Yetiştirme ilişkisinde iyi Hristiyan kitaplarını kullanabilirsiniz ancak en iyi kitaplar kişileri Kutsal Kitap'a yönlendirenlerdir. Hristiyan inancının ve yaşamının temellerinin net bir şekilde anlaşılmasını isteriz.

Hiç *yaşam→gerçek→yaşam* kalıbını duydunuz mu? *Yaşamınız* kişileri sizi dinlemeye çekmeli; öğretiniz sonrasında insanların dönüşmesi için işlemeli; onların dönüşmüş *yaşamları* da sonrasında sizin öğrettiklerinizi yansıtmalıdır ki bu da, başkalarını onları dinlemeye çeker.

İNSANLARIN DAHA İYİ YAŞAMALARINA YARDIM EDİN

İnsanların sadece daha iyi anlamalarını istemeyiz, onlara *daha iyi yaşamaları* için de yardım etmek isteriz. Mesih'i izlemek ikisini de içerir. Pavlus defalarca okuyucularını, Mesih'i örnek aldığı gibi kendisini örnek almaya çağırır (1.Ko. 4:15–17; 11:1; Flp. 3:17; 4:9; 2.Se. 3:7–9; 2.Ti. 3:10–11). Tabii ki kendisi bu konuda da İsa'yı örnek almaktadır. Nitekim İsa da kendi öğrencilerini kendisinin sevdiği gibi sevmeye çağırır (Yu. 13:35; 15:8–17)! Tanrı'yı tanımak yaşayış şeklimizi değiştirir (bkz. Gal. 4:9). Bize düşman olan bir dünyada garip ve yabancı olarak yaşıyoruz, her zaman dünyaya uyma baskısıyla karşı karşıyayız. Ancak Kutsal Kitap bizi bu baskıya direnmeye çağırır. Bizim "aralarında evrendeki yıldızlar gibi parladığı[m]ız bu eğri ve sapık kuşağın ortasında kusursuz ve saf, Tanrı'nın lekesiz çocukları" olmamız gerekiyor (Flp. 2:15). Bu yüzden Hristiyanların önünde her zaman Tanrı yolunda yürümenin daha iyi örnekleri olmalıdır: "Kardeşler, hepiniz beni örnek alın. Size verdiğimiz örnek uyarınca yaşayanlara dikkatle bakın" (Flp. 3:17).

Öyleyse başkalarının yaşamlarını nasıl etkilersiniz? Onarla zaman geçirerek. Elizabeth kekini pişirirken Kate'le konuşmak için onu davet eder. Michael, Steven'ın akşam yemeğinde ailesine katılmasını sağlar ve ardından ailenin tapınma zamanında çocuklarını yönetirken onları izlemesine izin verir. Öğrenci yetiştirmenin büyük bir kısmı her zaman yapmanız ama ilave olarak İsa'nın yaptığı gibi insanları yanınıza alıp onlarla anlamlı sohbetlerde bulunmanızla gerçekleşir. Onları yaşamınıza davet ettiğinizde, şeffaf olun. Takılan maskeler amacı alt eder. Başkalarını hatalarınızdan da öğrenmeye davet edin.

Gerçek şu ki, eşim ve ben bazen tartışıyoruz. Ama bunu iyi bir şekilde yapabilir miyiz? Birbirimizin onuruna leke sürmeden, bu sıkıntıları başkalarıyla paylaşabilir miyiz?

ÖĞRENCİ YETİŞTİRME

Pavlus'un Timoteos'u her şeye nasıl dahil ettiğini dinleyin: "Sense benim öğretimi, davranışımı, amacımı, imanımı, sabrımı, sevgimi, dayanma gücümü, çektiğim zulüm ve acıları, örneğin Antakya'da, Konya'da ve Listra'da başıma gelenleri yakından izledin. Ne zulümlere katlandım!" (2.Ti. 3:10–11). Timoteos, görünen o ki, her şeyi gördü. Bu kim bilir Mesih'i izlemek konusunda ne kadar da zengin bir eğitim oldu!

Öğrenci olarak yetiştirdiğiniz kişilerin duada zenginleşmelerini, müjdelemede gelişmelerini, kilise üyeliğine devam etmelerini, kendilerini gücendirenlere karşı dayanıklı olmalarını istersiniz. Çoğunlukla, birbirinizin yaşamında çalışmanızı sağlayacak olan şey bir önceki haftanın vaazından çıkardıklarınız olacaktır. Küçük gruplar da aynı işe yarayabilir.

SORULAR SORUN

Kimi yetiştirirseniz yetiştirin, isteğiniz onların Tanrı bilgisinde büyüyerek ve öğrendiklerini uygulayarak, yani daha iyi anlayarak ve daha iyi yaşayarak İsa'yı daha iyi bir şekilde izlemelerine yardımcı olmaktır.

Bunun da ötesinde, elbette birçok şey karşıdaki kişiye bağlıdır: ilgi alanları, geçmişleri, eğilimleri, günah kalıpları, yaraları, korkuları, umutları ve diğer şeyleri nelerdir? Ayrıca ne hakkında konuşacağınız, okuyacağınız ya da yapacağınız da yine o kişiye bağlıdır. Bundan dolayı yetiştirme ilişkisinde ilk yapmanız gereken şeylerden biri, birçok soru sorarak o kişiyi tanımaktır. Nasıl Hristiyan oldun? Nerelisin? Annenle baban Hristiyan mı? Peki ya büyükannenle büyükbaban? Ne iş yapıyorsun ve neden? Bunun gibi birçok soru olacaktır. Zaman içerisinde, var olan güven ve şeffaflık seviyesi artmalı, daha derin ve kişisel konuları ve bu alanlarda Müjde'nin ne anlama geldiği hakkında konuşabilir hale gelmelisiniz.

Net Hedefleriniz Olsun

Gerçekte, "nasıl" öğrenci yetiştirileceği karmaşık bir konu değildir. Mesih'e doğru giden yolculuğunuzda, başkalarıyla birlikte yaşamı sürdürmekle ilgilidir. Arkadaşlar ediniriz ve onlarla Mesih'e doğru yürürüz. Kutsal Kitap'ın bizi çağırdığı gibi Tanrı'yı ve yollarını anlamak ve bunlarla yaşamak isteriz. Anlayışımızda doğru ve yaşayışımızda kutsal olmak isteriz. Gerçeği bilmek ve iyi bir şekilde yaşamak isteriz. Bunların hepsini suretinde yaratıldığımız Tanrı'nın yüceliği için yaparız!

9

BEDELİ ÖDEYİN

Nasıl öğrenci yetiştirirsiniz? Birisini bulursunuz. Hedefler belirlersiniz. Sonunda da işe koyulursunuz. Yetiştirirsiniz. Bunu yapmak için de, bedel ödemek zorundasınız. Bu bedel zaman, çalışma, dua ve sevgidir.

1. ÖĞRENCİ YETİŞTİRME ZAMAN İSTER

"Öğrenci yetiştirme" derken, bütün öğrenci yetiştirme ilişkilerinin aynı görünmediğini söylemeliyim. Benimkiler görünmüyor. Benim ve diğer kişinin yaşam koşullarına uygun olarak ilerliyorlar. Ayrıca bu ilişkiler zamanla değişiyor. Bir kişiyi bir süreliğine her gün görebilirim, sonra her hafta, daha sonra ayda bir kez. Ayrıca bu ilişkiler resmi bir ad taşıma açısından çoktan aza doğru değişebilir. Bir ilişkiye "öğrenci yetiştirme ilişkisi" deyip dememeniz bile önemli değildir. Ancak tüm bu ilişkilerin ortak yanı zaman almalarıdır!

Birisini öğrenci olarak yetiştirme konusunda bilinçli olmamızı gerektiren şey zaman bedelidir. Ayrıca zaman, sahip olabileceğimiz yetiştirme ilişkilerinin sayısını sınırlar. Evet, vaaz vererek ya da makale yazarak birçok kişiyi yetiştirebilirsiniz ama burada sözünü ettiğimiz şey bire bir ya da küçük grupta yetiştirmektir. Bunlar bilinçli ve amaçlı olmak zorundadır.

ÖĞRENCİ YETİŞTİRME

Programlarınız birbiriyle uyuşsa bile, öğrenci yetiştirme ilişkisi zaman alır. Müsait olmanız, bedeli tamamen ortadan kaldırmaz. Yaşam yaşama sürdürdüğümüz her ilişkide, birbirimize zaman armağanını veririz. Başkalarıyla kiliseden sonra biraz sohbet etmek ya da birlikte günlük işlerinizi halletmek gibi yollarla bu bedeli küçük şekillerde ödeyebilirsiniz. Haftada bir yemek için plan yaparak daha büyük şekillerde de ödeyebilirsiniz. Çeşitli şekillerde birlikte zaman geçirebiliriz: bir kahve dükkanında, kütüphanede, araba tamirhanesinde ya da bahçe işlerini yaparken.

Bazı insanların, sizinle zaman geçirme konusunda yaşamınıza yerleşecek ya da size ya da ailenize hizmet edecek kadar çok istekli olduğunu fark edebilirsiniz. İlişkide şeffaf ve dürüst olarak, zamanın değerli geçmesine yardımcı olursunuz. Öncesinde öne sürmüş olduğum gibi, sıkıntılara göğüs gererken ortaya koyduğumuz örnekler genellikle başarı ve zafer hikâyelerimizden daha güçlüdürler. Denenmeler yüreğimizin gerçekte kime güvendiğini ve umutlarımızın neler olduğunu açığa çıkarır. Düşmüş bir dünyada geçen zaman daima denenmeleri beraberinde getirir. İster yetiştirenin ister yetiştirilenin yaşamında olsun, denenmeler yetiştirme ilişkileri için önemli zamanlardır.

Dikkatli olun: Bu ilişkileri inşa etmeyi onlara ihtiyaç duyana kadar beklerseniz, çok geç olabilir.

2. ÖĞRENCİ YETİŞTİRME ÇALIŞMA İSTER

İman, Söz'ü duymakla oluyorsa, imanı Söz'le beslemek isteriz. Kilisede dinlediğiniz açıklayıcı vaazlar (umarım vaazlarınız bu tür vaazlardır) devamındaki haftada sohbetler için iyi temeller sağlar. Bir konuda sizin daha da derinleşmenizi sağlıyorlarsa, diğer kitaplar da faydalı olabilir.

Sevdiğimiz şeyler üzerinde çalışırız. Örneğin arkadaşım Sebastian yedi yaşındayken, annesinden beyzbol kartlarını kelime ezberleme kartları gibi kullanarak kendisini beyzbol istatistikleri hakkında küçük bir sınava tabi tutmasını istemiş. Kendisinin beyzbolu seviyor olduğu bariz. İsa'yı seven ve O'nu izlemeye niyetli olan insanların gayreti daha mı az olmalı? Hristiyan öğrenciliği ve öğrenci yetiştirme, Tanrı'yı aklımızla sevmeyi içerir. Sözü'nde kendisini açıkladığı şekilde O'nu tanımayı ve başkalarının O'nu tanımasına yardımcı olmayı arzulamalıyız.

Öğrenci yetiştirme ilişkilerinizde Kutsal Kitap'ı kullanın. Söz'de zaman geçirin.

3. ÖĞRENCİ YETİŞTİRME DUA İSTER

Pavlus bize "sürekli dua edin" der (1.Se. 5:17). Öğrenci olarak yetiştirdiğiniz kişiler için dua edin ve onlara dua etmeyi öğretin. Tanrı dua gibi insani araçları kullansa bile, ihtiyacımız olan değişimler doğaüstü değişimlerdir.

Öğrenci yetiştirirken, kişilerin ne hakkında dua edeceklerini detaylıca düşünmeleri için sorular sorun. Kutsal Yazılar'daki bir metni alarak bununla nasıl dua edeceklerini biliyorlar mı? Kişisel olarak duada zaman geçiriyorlar mı? Hangi konularda dua ediyorlar? Kimler için dua ediyorlar? Arkadaşlıkları hakkında dua ediyorlar mı? Hizmet hakkında? Para hakkında? İman etmelerini istedikleri arkadaşları hakkında? Kendi saflıkları ve kutsallıkları hakkında?

D. A. Carson'ın *Praying with Paul* ve Donald Whitney'nin *Praying the Bible* kitapları gibi, Kutsal Yazılar'ı kullanarak dua etmeyi öğreten iyi kitaplar okuyun. Ve dua edin.

4. ÖĞRENCİ YETİŞTİRME SEVGİ İSTER

İsa şöyle buyurur: "Sizi sevdiğim gibi siz de birbirinizi sevin" (Yu. 13:34). Ayrıca tüm yasayı iki buyrukla özetler: Tanrı'yı sevmek ve komşunuzu kendiniz gibi sevmek (Mar. 12:28–31). Umarım, bir öğrenci yetiştirme ilişkisinde sevginin ne kadar önemli olduğunu görüyorsunuzdur.

Sevgi, öğrenci yetiştirme ilişkisini başlatır. Yoksa neden başlayalım ki? Bizi kendimizi inkâr edip başkalarına hizmet etmeye zorlayan şey sevgidir. Başlatılan her ilişkide bir tehdit unsuru olan reddedilme riskini göze almamızı sağlayan şey sevgidir. Birisinin büyümesini görmek istediğimiz için zorluklara aldırmamamızı ve bedelleri göze almamızı sağlayan şey her zaman Tanrı'ya ve diğerlerine yönelik sevgidir.

Sevgi, öğrenci yetiştirme ilişkisinde sebat eder. Sevgi haricinde neden ortaya çıkan zorluklara katlanalım ki! "Beni küçümsüyor." "Dediği şeyin beni ne kadar üzdüğünü görmüyor!" "Çok meşgulüm." Öğrenci yetiştirme ilişkileri harika olabilir ama evlilikte olduğu gibi, harika ilişkiler bile sebat eden bir sevgi gerektirir. Elbette bu, Tanrı tarafından nasıl radikal ve tam bir şekilde sevildiğimizi hatırlamamızı gerektirir. Bu sevgi de bizden dışarı taşar ve taşmaya devam eder.

Sevgi, bir öğrenci yetiştirme ilişkisinde genellikle ortaya çıkan eleştirileri alçakgönüllülükle alır. Sevgi ve kibir bir arada bulunamaz. Başkasının nasıl davrandığından ziyade yalnızca benim hakkımda ne düşündüğü konusunda endişeliysem, o kişiyi gerektiği gibi sevmekte ve yetiştirmekte zorlanırım. Gerekli olan düzeltme sözünü zamanında söyleyemem veya kabul edemem. Bunu yapabilmek için, Tanrı'ya ve arkadaşıma duyduğum sevgi, kendi itibarıma duyduğum sevgiyi aşmalıdır. "Dostun seni iyiliğin için yaralar" (Özd. 27:6).

Bedeli Ödeyin

Sevgi, bir öğrenci yetiştirme ilişkisinde alçakgönüllülükle kendinden verir. Belki bu kişiyi sevmek için fazla büyük, fazla önemli, fazla meşgul olduğunuzu düşünme ayartısını yaşıyorsunuz. Elbette, programınızı düşünmeniz gerekiyor. Ama sevgi başkasına gerektiği gibi değer vermenizi ve kendinizden vermenizi sağlayacaktır. Sevdiklerimizin iyiliği için harcamak üzere onların güvenini kazanarak ilişkisel sermaye oluştururuz.

Sevgi, öğrenci yetiştirme ilişkilerini sonlandırmamıza izin verir. Biz Tanrı değiliz. Başkasının ihtiyacı olan her şeyi biz sağlayamayız. Her zaman uygun olamayabiliriz. İnsanlar taşınırlar. Yeni bir çocuk doğar. Başka bir iş bulursunuz. Koşullar değişir. Belki de sizin onlara vermek üzere donatılmadığınız bir şeye ihtiyaçları vardır. Bizi alçaltarak onların bize değil, Tanrı'ya ihtiyaçları olduğunu ve O'nun bir süre bizi, sonraysa bir başkasını kullanabileceğini fark etmemizi sağlayacak bir sevgiye ihtiyacımız vardır

SONUÇ

Her birimiz sevmeye ve sevilmeye çağrıldık. Rab'bin size verdiği her şey, dönüp bir şekilde başkalarına vermeniz için bahşedilmiştir. Size verdiği her zaman, her gerçek, her dua ya da her sevgi başkaları için kullanılabilir.

Richard Sibbes bir keresinde şöyle yazmıştır: "Bir gün sadece dinlediğimiz vaazlar için değil, aynı zamanda aralarında yaşadığımız insanlara sunduğumuz örnekler için de Tanrı'ya hesap vereceğiz."[9] Günümüzde Müjdeci akım içerisindeki kiliselerimizde, temelde yalnızca sözler sunuyor olabilir miyiz acaba? Doğru, iyi ve gerekli olan ama anlamlarını açıklayan

---

[9] Richard Sibbes, "The Bride's Longing," *Works of Richard Sibbes, vol. 6* içinde, ed. Alexander B. Grosart (Carlisle, PA: Banner of Truth, 1983 ed.), 560.

ve sergileyen yaşamlar olmaksızın kendi başlarına yarım kalan sözler sunuyor olabilir miyiz?

Hangi kiliseye katılırsanız katılın, öğrenci yetiştirme fırsatları oldukça fazladır! Kısa süreliğine kilisenize katılan insanları bile etkileme fırsatınız vardır, böylece kilisenizden gittiklerinde, sizin hizmetinizi başka bir kiliseye genişletirler. Kesinlikle, yetiştirmenin zorlukları ve bedelleri vardır. Ancak bunların hepsinde yüceliği alan Tanrı'dır!

10

ÖNDERLER YETİŞTİRMEK

Yeni Antlaşma genel olarak imanlıları öğrenci olarak yetiştirmek üzerine talimatlarla doludur. Ancak zaman zaman kilise önderleri yetiştirmek üzerine de yoğunlaşır. Örneğin Pavlus, Titus'a şöyle der: "Geri kalan işleri düzene sokman ve sana buyurduğum gibi her kentte ihtiyarlar ataman için seni Girit'te bıraktım" (Tit. 1:5). Sonrasında da bu ihtiyarların nasıl olmaları gerektiğini anlatır. Benzer şekilde Timoteos'a, "başkalarına da öğretmeye yeterli olacak güvenilir kişiler" bulmasını söyler (2.Ti. 2:2).

Aynı şekilde, bu kitabı sonlandırırken, kilisemde ya da ileride başka kiliselerde hizmet edecek olan önderleri kişisel olarak nasıl bulduğum, teşvik ettiğim ve yetiştirdiğim konusunda öğütler sunmak istiyorum. Aşağıda ele aldığımız konuların birçoğu genel anlamda öğrenci yetiştirme konusunda da geçerlidir. Neticede, Titus 1. bölümde ve 1. Timoteos 3. bölümde ihtiyarlar için sıralanan tüm nitelikler, yeni imanlı olmamak ve öğretme yeteneğine sahip olmak haricinde, her Hristiyan'ı yansıtmalıdır. Yani, bir imanlıyı öğrenci olarak yetiştirmenin hedefleriyle bir kilise önderi adayını yetiştirmenin hedefleri çoğunlukla aynıdır. Mesih'te olgunluk hedefleriz. Umuyorum ve inanıyorum ki, sunacağım şeyler her okuyucu için faydalı olacaktır.

ÖĞRENCİ YETİŞTİRME

Yine de, geleceğin ihtiyarlarını nasıl yetiştirebileceklerini düşünme sorumluluğunu ihtiyarlara özellikle vermek istiyorum. Bu sizin özel yükümlülüklerinizden biridir. Samuel Miller şöyle yazmıştır:

> Nerede oturursanız oturun, her zaman genç adamlarda etki yaratmaya ve bu etkiyi sürdürmeye gayret edin. Kilisenin ve devletin umudu onlardır; ve onların akıllarına bilgelik, erdem ve dindarlık aşılamaya vesile olan kişi, türünün en büyük hayırseverlerinden biridir. Bundan dolayı bu adamlar, sizin özel ve usanmaz dikkatinize layıktırlar. Kısacası, onları şahsınıza ve hizmetinize bağlayan ve onları kilisenin meseleleriyle erken yaşta ilgilenmeye çeken her Hristiyan yöntemini kullanın.[10]

Kilise önderleri yetiştirmek için dokuz adım şunlardır:

1. KUTSAL KİTAP'TAKİ NİTELİKLERE DOĞRU ÇOBANLIK EDİN

Pavlus'un Timoteos ve Titus'a sunduğu niteliklere bakarak başlayalım:

> Bir kimse gözetmen olmayı gönülden istiyorsa, iyi bir görev arzu etmiş olur. Ancak gözetmen ayıplanacak bir yanı olmayan, tek karılı, ölçülü, sağduyulu, saygın, konuksever, öğretmeye yetenekli biri olmalı. Şarap düşkünü, zorba olmamalı; uysal, kavgadan ve para

---

[10] Samuel Miller, Letters on Clerical Manners and Habits: To a Student in the Theological Seminary at Princeton, N.J., Applewood's American Philosophy and Religion Series (Bedford, MA: Applewood Books, 1827), 406–7.

sevgisinden uzak olmalı. Evini iyi yönetmeli, çocuklarına söz dinletmeli, her yönden saygılı olmalarını sağlamalı. Kendi evini yönetmesini bilmeyen, Tanrı'nın topluluğunu nasıl kayırabilir? Gözetmen yeni iman etmiş biri olmamalı. Yoksa gurura kapılıp İblis'in uğradığı yargıya uğrayabilir. Topluluğun dışındakiler tarafından da iyi bir insan olarak tanınmalıdır. Öyle ki, ayıplanacak duruma ve İblis'in tuzağına düşmesin. (1.Ti. 3:1–7; bkz. Tit. 1:6–9)

Bu erdemlerde olağandışı bir şey yoktur. Ama bir keresinde D. A. Carson'dan duyduğum gibi, bir ihtiyar sıradan bir Hristiyan'ın yaptığını yapar ama bunu olağandışı iyi bir şekilde yapar. Tüm sürü için bir örnektir. Herkes için bir olgunluk resmidir.

Ara sıra genç adamlara, onların yeterli ve hazır olmalarına yıllar olduğunu bildiğim halde, öğrenciliklerinin erken dönemlerinde ihtiyar olarak hizmet etmeyi düşünüp düşünmediklerini sorarım. Onların kiliseye hizmet etme ve kiliseyi bina etme tutkularının olup olmadığını ve yoksa da neden olmadığını sorma yöntemim budur. Yani, *her* Hristiyan için iyi bir öğrenci yetiştirme aracı Pavlus'un bu listesidir (öğretme yeteneği hariç).

Bununla beraber, Pavlus'un ihtiyarlar için her şeyi kapsayan bir liste sunduğuna inanmıyorum. Örneğin, her ihtiyarda olması gerektiğini düşündüğüm "sadık Kutsal Kitap okuyucusu" ya da "dua adamı" gibi niteliklerden söz etmez. Genel olarak önderler ve özellikle de kilisenin mali olarak destekleyeceği adamlar söz konusuysa, doğal önderlik yeteneklerine bakmamız gerektiğini düşünüyorum. Hristiyanlığı benim hiç gidemeyeceğim yere, yani ölümümden sonra geride kalan geleceğe götürmeye yardım edebilecek adamları desteklemek ve donatmak istiyorum.

Bu, Yakup 2:1'deki buyruğu çiğneyip ayrımcılık yaptığım anlamına mı geliyor? Sanmıyorum. Yakup'un söz ettiği ayrımcılık zenginleri kayırmakla alakalıydı. Ancak böyle yanlış şekilde ayrım yapmak ve kayırmak, her ayırt etmeyi yanlış kılmaz. Pavlus'un Timoteos'a "öğretmeye yeterli güvenilir kişiler" ve "gözetmen olmayı gönülden isteyen" kişileri aramasını söylediğini anımsayın. Bir kişi yanlış sebeplerle istekli olabilir ama hiç istekli olmayan bir kişi aranan nitelikte değildir.

Nihayetinde, kişileri Kutsal Yazılar'da belirtilen niteliklere doğru gütmek istersiniz. Temel budur. Üstelik bir adam insanların onu gerçekten takip etmeleri gerçeğiyle doğal yeteneklerini gösterdikçe, onun önderlik pratiği yapması için de o kadar çok fırsat kollayabilirsiniz.

2. ARAYIŞTA OLUN

Önderler yetiştirmek istiyorsanız, daha çok önder için gözünüz her an tetikte olmalıdır. Özellikle bir ihtiyarsanız, duruşunuz bu olmalıdır. Sydney şehrinin Anglikan baş papazı Phillip Jensen, "izlemeye değer herifler" ifadesini kullanır. Etrafınızda hiç İDH var mı?

Pastörler daha çok pastör yetiştirmek için ciddi anlamda fırsatçı olmalıdırlar. Ayrıca tüm kilisenin, Rab'bin yeni önderlerin yetişmesini istediği konusunda güveni olmalıdır.

Birkaç şekilde gözlerimi açık tutuyorum. Topluluğun etrafında dolaşıyorum ve onlarla etkileşimde bulunuyorum. Pazar ibadetinden sonra kapıda duruyorum ve kimin ne dediğine ya da kimin kiminle etkileşim içinde olduğuna dikkat ediyorum. Kilisemizin hafta içindeki yaşamı içerisinde birçok öğretme fırsatları sağlamaya çalışıyorum ki, öğretme armağanı olanlar ortaya çıkabilsin. Günlük olarak kilisenin üye listesi üzerinde dua etmek de aklıma birçok kişiyi getiriyor.

3. KİŞİSEL ZAMAN AYIRIN

İnsanlarla zaman geçirmek, önderler ortaya çıkarmanın can alıcı bir parçasıdır. Kitabın başlarında söz ettiğim gibi, İsa dağa çıkarken "yanında bulunmaları" için öğrencileri çağırmıştı. Ne yazık ki, kendi çevrelerine duvarlar ören pastörler görüyorum. Bu adamlar, en azından doğrudan, başka önderler yetiştiremeyecekler. İlla da dışadönük kişilikte olmanız gerektiğini söylemiyorum ama bir pastör kilisesindeki potansiyel önderlerle zaman geçirmenin yollarını bulmalıdır. İbraniler 13. bölüm kiliseye ihtiyarlarının örneğini takip etmelerini söyler. Eğer önderlerini yakından tanımıyorlarsa, bunu nasıl yapabilirler? Pavlus'un kilisenin kendisini örnek almasına yönelik çağrısı da aynı şeyi gerektirir: zaman ayırmak.

Öyleyse, bir pastör genç adamlarla zaman geçirmenin yollarını bulmalıdır. Öğle yemekleri son derece önemli olabilir. Eşimin benden markete gitmemi istemesi gibi bir durumda, genellikle yanlış şeyi alma korkusuyla soğuk bir ter dökerim (benim hatam, eşimin değil!) ve bu yüzden sık sık yanımda bir erkek kardeşi götürürüm. Böylece, bilinçli bir şekilde zaman geçiririz ve suçumu paylaşabilirim. Vaaz hazırlama programıma da insanları dahil ederim. Uygulama noktaları üzerine bir öğle yemeğinde beyin fırtınası yaparız veya bir Cumartesi akşamı ön okumayı yaparız. Bu birliktelikler sadece vaazımı geliştirmekle kalmaz, farklı insanlar hakkında bilgi edinmemi ve onları teşvik etmemi de sağlar.

Tüm bu örnekler bana, işime ve kendi programıma göre düzenlenmiştir. Sizin için nasıl bir programın işe yaradığını bulun ve öğrencileri ona dahil edin.

4. GÜVEN DUYUN

Önderlerin belirdiğini görmek istiyorsanız, genel duruşunuzda güven duyma isteği olmalıdır. Farklı yerlerde yaşayıp seyahat ettiğimden, yerden yere bu konuda değişen eğilimler olduğunu biliyorum. Ama bu noktanın, sevginin zenginleşmesi olduğunu düşünüyorum: sevgi her şeye inanır, her şeyi umut eder (1.Ko. 13:7). Muhtemelen, Rab'bin büyük yetenekler bahşettiği kilise üyeleriniz vardır. Ancak bunun keşfedilmesi için, banka kredisi misali, birinin onlara karşı güven duyması gerekir. İyi önderler böyle yaparlar. İnsanların kendilerini kanıtlamalarını bekleyip onlara ancak ondan sonra öğretme konusunda fırsatlar sunmazlar. Hayır, biraz teşvikle, büyüyecek ve serpilebilecek bir şeyin ipucunu görürler. Böylece krediyi arttırırlar ve genç öğrencinin onu harcamasına izin verirler!

Birçok önder son derece iyi niyetlerle bu konuda fazla tutucu olabiliyorlar. Birden çok kez, baş pastörlerin başkasının önderliğini onaylayamadığını gördüm. Ya da bazılarının gönüllü ihtiyar olup sonrasında kimse yanlarına gelemesin diye kapıları kapattıklarına, kendilerine hiç yöneltilmeyen beklentileri ihtiyar adaylarına yönelttiklerine şahit oldum! Şimdi, hatalar yapacaksınız elbette. Her işte başarılı olamayacaksınız. Ben şahsen her işte başarılı olmadım. Ama önderlik ederken kesinlikle riskler almaktayım. Buna değer. Mesih kendi kilisesini inşa edecektir. Tanrı egemendir. Bu durumda öne çıkmalı ve bazı riskler almalıyız.

Toplulukların payına düşen, genç adamların önderlik ederken yaptıkları gençlik hatalarına karşı sabırlı olmaktır. Sıkça kiliselere, bir genç aslan yavrusunu aday olarak belirlemekten korkmamalarını söylerim. Yerleri çizebilir ya da bazı mobilyalara zarar verebilir ama ona karşı sabırlı olursanız, ömür boyu sizi sevecek bir aslanınız olacaktır.

5. SORUMLULUĞU DEVREDİN

Bu nokta bir öncekine bağlıdır. Nasıl güven duyabilirsiniz? Sorumluluğu ve fırsatları devrederek. Bunun birçok unsuru vardır:

Kişilere önderlik etme fırsatı verin. Topluluğunuzdaki iyi öğretmen, duacı, ibadet önderi ya da Pazar okulu öğretmeni olabileceğini düşündüğünüz adamların sessizce bir listesini tutun. Devrederek (görevlendirerek) onları sınayın. Yine, bazı pastörlerin kendi sürüleri konusunda çok korumacı olduğunu fark ediyorum: "Ama Mark, Kutsal Ruh *beni* gözetmen olarak görevlendirdi" (bkz. Elç. 20:28). O zaman şunu söylüyorum: Arkadaşım, sen öldüğün zaman, kilise iyi olmaya devam edecek! Şimdi düğümünü gevşeterek ve devretme yoluyla başka önderleri hazırlayarak, kilisenin *daha iyi* olmasına yardım etmeyi istersin. Hedefiniz kendi egemenliğinizi kurmak değildir; başkalarına önderlik ve öğretme fırsatları vererek onları güçlendirirsiniz.

Oyları ve tartışmaları kaybedin. Yetkiyi devretmek, kontrol ölçüsünden feragat etmek demektir ve bunu yapmaya istekliyseniz, oy kaybetmeye ya da her zaman son söze sahip olmamaya razı olmasınız. Her şey sizin istediğiniz şekilde olmak zorunda değildir. İnsanların sizin fikrinizle çatışan bir şekilde önderlik etmelerine hiç izin vermiyorsanız, *aslında önderlik etmelerine izin vermiyorsunuz demektir*! Öyleyse, evet, şu veya bu konuda kaybettiğiniz için hayal kırıklığına uğrayabilirsiniz ama başkalarının önderlik etmesini teşvik etmekten elde edeceğiniz kazanç, uzun dönemli daha iyi yatırımdır (onların bilgelik armağanları sayesinde kilisenin edineceği bereketlerden söz etmiyorum bile).

Diğer önderler için saygı geliştirin. Birkaç yıl önce, yardımcı pastörümüz ve ben bir Kutsal Kitap çalışmasından önce kilisenin önündeki platformda duruyorduk. Yardımcı pastör yönetecekti. Birbirimizle şakalaşırken, başına hafifçe vurdum (kendisi benden daha kısa boylu). Hemen beni kenara çekip nazikçe ama net bir şekilde şöyle dedi: "Mark, bunu yapma. Bana saygı göstermelerini istiyorsan, topluluğun önünde bana böyle davranamazsın." Bunu söyleyince, çok bariz göründü. Tabii ki! Herkesin içinde ona bir önder gibi davranmalıydım ve topluluk içerisinde ona karşı saygının gelişmesini sağlamalıydım.

6. GERİ BİLDİRİM VERİN

Hizmet için sorumlulukları ve fırsatları verdikten sonra, geri bildirim yapılarını da oluşturmanız gerekiyor. Yeni başlayanlar için, bu yetiştirdiğiniz kişilere nasıl Tanrı'ya yaraşır bir şekilde eleştiri yapılacağını ve alınacağını göstermek anlamına gelir. Kardeşlere karşı kendilerini geliştirebilecekleri konularda dürüst ve yumuşak olun.

Tanrı'ya yaraşır eleştiriyi davet etmenin ve kabul etmenin nasıl bir şey olduğuna bizzat örnek olarak, Tanrı'ya yaraşır eleştiri yapma yeteneğiniz büyük ölçüde gelişecektir. Bunu teşvik etmek amacıyla, eleştiriye katılmasam bile, eleştirel yorumları yanıt vermeden dinlemeye çalışırım (bu konuda her zaman başarılı değilim). Başkalarını yanlış yönlendirdiğini düşünüyorsam, yoruma yanıt veriyorum ama genç bir adamın bana karşı yaptığı her yapıcı eleştiriyi özellikle de şahsen geri bildirim istedikten sonra sürekli olarak susturursam, benimle içten düşüncelerini paylaşmasının boş (ve utanç verici) olduğunu hızlıca öğrenecektir. Bu bana da pek fayda etmeyecektir! Hizmetimde her zaman gelişmeye yer vardır. Yirmi yıl boyunca aldığım geri bildirimler kiliseye daha iyi hizmet edebilmem için bana oldukça yardımcı oldu.

Tanrı'ya yaraşır biçimde eleştiri yapmaya ve almaya bizzat örnek teşkil etmenin yanında, Tanrı'ya yaraşır biçimde teşvik etmede de örnek olmalıyız. Pavlus Korint kilisesine bir sürü eleştiri getirdiği halde, mektubuna onlar için Tanrı'ya şükrederek başlar: "Mesih'te her bakımdan –her tür söz ve bilgi bakımından– zenginleştiniz... hiçbir ruhsal armağandan yoksun değilsiniz" (1.Ko. 1:5, 7). Pavlus'un Korintliler'i pohpohladığını düşünmüyorum. Bence Tanrı'nın onlar arasında yaptıklarını doğru bir şekilde tasdik ediyordu. Bizim de Tanrı'dan gelenin Tanrı'ya ait olduğunu, örneğin birbirimizin yaşamındaki lütuf kanıtlarını bu şekilde tasdik etmemiz gerekmez mi? Önder adaylarını teşvik etmek, diğerlerine *Tanrı'yı* yüceltmeyi öğretmelidir.

Birçok kez adamların, özellikle genç adamların önderlikten anladıklarının başkalarını düzeltmek olduğunu gördüm. Bu yüzden genç adamların vaazları çoğunlukla azarlayıcı niteliktedir. Onların anlamadığı şey, teşvik ederek çoğunlukla daha fazlasını başarabileceğinizdir. Azarlamanın zamanı vardır. Ama düzeltmeyi umduğunuz şeyin yüzde 80 ila 90'ı teşvik aracılığıyla gerçekleşir. Geçmişe dönüp yaşamınıza bakarsanız, sizi en çok etkileyen kişilerin büyük ihtimalle size inanan insanlar olduğunu keşfedeceksiniz. Henry Drummond şöyle demiştir: "Bir anlığına düşünürseniz, sizi etkileyen insanların size inanan insanlar olduğunu görürsünüz. Şüphe atmosferi içerisinde, insanlar büzüşürler; ancak yukarıdaki inanılan atmosfer içerisinde açılıp genişler, teşvik ve eğitici paydaşlıklar bulurlar."[11]

Yetiştirdiğim adamları bana ya da bir başkasına teşvik ve eleştiride bulunurken gözlemlediğimde, yorum yaptıkları şey hakkında öğrendiğim kadar onlar hakkında da öğrenirim. Bu bir sanat galerisinde resimlere bakmayıp onları inceleyen kişilere bakmak gibidir. Onları çeken nedir? Neyin üzerinde duruyorlar? Bir pastörseniz, iyi bir geribildirim halkası oluşturmak tüm bu öğrenci yetiştirme işine katkıda bulunacaktır.

7. TANRISAL YETKİYİ TEŞVİK EDİN

Çoğunlukla, günümüzde insanlar tanrısal yetkinin nasıl bir armağan olabildiğini anlamıyorlar. Önderler çıkarmak tanrısal yetki hakkında öğretmemizi ve bunu teşvik etmemizi gerektirir. İsa öğrencilerine yetkiyi doğru kullanmayı kesinlikle öğretti (Mat. 20:25–27).

Düşmüş dünya, hem yetkiyi yanlış kullanıyor hem de iyi kullanılan yetki hakkında yalanlar söylüyor. Şeytan'ın Adem ve Havva'ya söylediği temel yalan, Tanrı'nın onları hem sevip hem de onlara hayır diyemeyeceğiydi.

İnsanlar tamamlayıcı cinsiyet görüşü konusunda ürkek olduklarında, bunu özür dilenecek bir şey olarak gördüklerinde, onların büyük ihtimalle yetki hakkında yanlış düşündüklerini bilirim. Sanki yetkinin sadece yetki sahibi olan kişinin avantajına olduğunu düşünürler. Anlaşılan bu kişilerin çocukları olmamış! Yetki aslında sadece ona sahip olmayan kişi için bir avantaj gibi görünür. Yetki sahibi olduğunuzda, hemen hemen tüm "avantajlar" sanki yok olur ve bunun na-

---

[11] Henry Drummond, The Greatest Thing in the World and Other Addresses (London: Hodder and Stoughton, 1959), 36.

sıl büyük kısmının hizmet olduğunu fark edersiniz. Yüce bir hizmettir ama bir hizmettir.

Yıllar önce 2. Samuel'i ayet ayet vaaz ederken, bu konu benim için daha da netleşti. Davut'un "son sözleri" çarpıcıdır: "İnsanları doğrulukla ve Tanrı korkusuyla yöneten kişi, bulutsuz bir sabah, şafakta görünen gün ışığı gibidir, parlaklığı yağmurdan sonra topraktan ot bitirir" (23:3–4). İyi yetki, altındakileri bereketler. Onları besler. İnsanlar kendi çıkarı için kullanılan yetkidense altındaki kişilerin çıkarını gözeten iyi ve sağlıklı bir yetkinin çekimine kapılacaklardır. İyi ebeveynlerin yetkisi altındaki bir ailenin ya da iyi bir koçun yetkisi altındaki bir takımın nasıl da gönence kavuştuğuna bir bakın.

Bu yüzdendir ki, pastörler tarafından yetkinin kötüye kullanılması korkunç bir yıkım ve Tanrı'ya küfür niteliğinde bir günahtır. Dahası, refah öğretisi vaizlerinin on milyon dolara özel jetler satın alma hikâyeleri, feci şekilde çarpıtılmış ve Şeytani bir şeyi göstermektedir. Böyle sözde pastörler, Şeytan'ın Aden bahçesinde Adem ve Havva'nın kulağına tısladığı yalanın aynısına kanmaktadırlar. Bu yalan şöyle der: Yetki, önderin kendi çıkarı için sizi kötüye kullanmasının bir yoludur sadece.

Çok şükür ki, çarmıhtaki Kral bize gerçek tanrısal yetkinin tam tersi olduğunu gösterir.

İsa'nın kendi öğrencilerini tanrısal yetkiyi kullanma konusunda eğitmesi gibi, biz de önder olarak yetiştirdiğimiz tüm adamlara karşı aynısını yapmalıyız. Pastörlerin bu tür bir yetkiyi ortaya koyup örnek olmaları şarttır.

8. NETLİK BEKLEYİN

Kilisedeki önderler hem doktrinde hem de genel olarak gerçeği öğretirken fevkalade net olmayı bilmelidirler. Bu, Elçilerin

İşleri 20. bölümde Pavlus'un Efesli önderlere öğrettiklerinden doğan bir çıkarımdır. Pavlus, Timoteos ve Titus mektupları boyunca onların bunu bildiklerini varsayar. Örneğin, şöyle söyler: "Aldatılan da Âdem değildi, kadın aldatılıp suç işledi" (1.Ti. 2:14). Bir önderin gerçekler hakkında net bir zihne sahip olması gerekir. "Neden?" sorusunu cevaplayabilecek bir doğal yeteneğe sahip olan kişileri istersiniz. Özellikle de kesin olan konularda net olmalıdırlar: Bunlar; teolojinin ve Müjde'nin temel unsurları, kilisenizi diğer kiliselerden ayıran doktrinler, Kutsal Kitap'ın topa tutulan ve günümüzde dünyanın çoğu yerinde popüler olmayan öğretileridir.

9. ALÇAKGÖNÜLLÜLÜK KÜLTÜRÜNÜ BÜYÜTÜN

Sıraladığımız sekiz maddedeki tüm uygulamalar, alçakgönüllülük kültürünü gerektirir. Hristiyan öğrenci yetiştirme alçakgönüllülüğe bağlıdır, kıskançlığa değil.

Eğer birisinin hizmetini gözlemliyor ve "Ben daha iyi yapardım!" diye düşünüyorsam ya da "Ben asla *o kadar* iyi yapamazdım" diye teşvikim kırılıyorsa, bu hiç alçakgönüllülük işareti değildir. Tanrı farklı kişilerle farklı iyi şeyler yapar. Orkestradaki farklı enstrümanlar gibiyiz ve iyi bir önder her kişinin kendi yerini bulmasına yardımcı olur. Neden trombon davulu kıskansın ki? Her biri olduğu haliyle keyif verebilir.

Alçakgönüllülük kültürünü büyütmek, insan korkusuna karşı çalışmak anlamına gelir. Bunu da elbette Rab korkusunu öğrenerek yaparız. Adamlar kilisemin pastörlük stajına katılmadan önce, onlardan Ed Welch'in *When People Are Big and God Is Small* adlı kitabını okumalarını isteriz. Bu kitabı bilmiyorsanız, şiddetle tavsiye ediyorum. Her önder adayı kendindeki insan korkusunu tanımayı öğrenmelidir. Yeni bir stajyerde bunu görebilmemizi sağlayan şeylerden biri, kilisemize girdiği ve diğer güçlü önderler tarafından tehdit altında hissettiği zamandır. Ama güçlü önderler isterim. Ne kadar çok olurlarsa, o kadar iyidir. Neticede, tüm hizmetim olan yaklaşımım bir açıdan da kilisemi sonraki pastör için hazırlamaktır.

Genel olarak, alçakgönüllülük bizi konuşmamız gereken yerde konuşmaya ve susmamız gereken yerde susmaya yönlendirir. Hem yumuşak kalpli olmaya hem de dayanıklı olmaya yönlendirir. Tanrı'nın kilisesinin daha da alçakgönüllü önderlerin yetişmesiyle birlikte gönence kavuştuğunu görmek istiyorum. Ayrıca benim alçakgönüllülüğümün, bunun gerçekleşme şeklinin bir parçası olduğunu düşünüyorum.

Başkalarını öğrenci olarak yetiştirmek için Tanrı tarafından kullanılmak ne büyük bir sevinçtir! Neden yaşamınızı bunu yaparak geçirmeyesiniz ki?

SONUÇ

Jonathan Leeman

Bu kitap boyunca, Mark kişisel olarak verdiği talimatları nasıl pratiğe döktüğüne dair birkaç resim sundu. Okuyucunun doğal olarak göremediği nokta, Mark'ın kendi yaşamının harika resmidir. Neredeyse yirmi yıldır kilisesinin bir üyesi olarak ve neredeyse on yıldır da onunla birlikte hizmet eden biri olarak, okuyucunun bunu kaçırmasına üzülüyorum. Okuyucunun, önceki on bölümde açıklanan ilkeleri yaşama geçirebilmesi için benim gördüğüm şeyleri görebilmesini dilerdim. Mark'ın öğrenci yetiştirirken yaptığı bazı şeyler onun kendi kişilik özellikleridir ve başkalarınca tekrar edilemez. Sizin ve benim için iyi haber şu ki, bu kitapta incelenen Kutsal Kitap'a dayanan içerik tekrar edilebilir. Benim burada ele almak istediğim tema dahilindeki dersler de aynı şekilde tekrar edilebilir. Bu dersler, yetki teması dahilindeki derslerdir.

Gördüklerimi görmenize yardımcı olmak adına, Mark'ın yaşamının resmini sunabilmek için kitabın bu kısmını sonuçlandırma ayrıcalığına sahip olmak istedim (ya da doğrudan aldım da diyebiliriz). Bir kilisedeki işiniz veya göreviniz ne olursa olsun, size tek cümlede salık vereceğim şey (Mark bu tek cümle işini çok iyi yapar) şu iki şeyi bir araya getirmektir: *yetkiyi kullanma* ve *yetkiyi verme*.

Çoğu kişinin bu iki uygulamayı birbirine zıt olarak gördüğünden şüpheleniyorum ve düşmüş bir dünyada genellikle zıtlardır. Ancak Mesih'in yaşamına aşina olan ve genel olarak tanrısal yetkinin nasıl işlediğini anlayan bir kişi, *yetkiyi kul-*

Sonuç

lanma ve *yetkiyi verme*nin aslında aynı madalyonun iki yüzü olduğunu bilir. *Yetkiyi kullanma* derken neyi kastettiğimi tahmin edebilirsiniz. Bu bir kişinin, yapılması gereken işi ve alınması gereken kararları kendisine ait olarak görmesi anlamına gelir. Bu kişi konumunun verdiği hak sayesinde belirli bir alanda karar verme gücünü elinde bulundurur. Böylece inisiyatif alacak, kontrolü ele alacak, kararlar verecek ve işin bitirildiğinden emin olacaktır. Kendi kilisesinde bu kişi elbette Mark'tır. O önderlik eder. Gemiyi o yönlendirir. Kilisemizin takip ettiği rota, onun ihtiyarlarla birlikte çizdiği rotadır. Ayrıca onun önderliğinde herhangi bir çekingenlik ya da suskunluk yoktur.

Bir kişi yetkisini gururlu bir tavırla kullanıyorsa, en iyi ihtimalle her şeyi duyarsız bir biçimde yapacak, en kötü ihtimalle de acımasız bir şekilde yapacaktır. İnsanlara kendi amacına giden yoldaki araçlar olarak davranacak ve onlarda gelişmeyecek veya büyümeyeceklerdir.

Oysaki, bir kişi alçakgönüllü bir tavırla bu şekilde önderlik ediyorsa, hem *yetkiyi kullanacak* hem de *yetkiyi verecektir*. Sonuçta, bu kişi kendi amaçlarını değil, kendisini o konuma getiren Kişi'nin amaçlarını aramaktadır. Dolayısıyla da bu iş için daha çok kişiyi donatmaya ve güçlendirmeye (yetkilendirmeye) gayret edecektir. Elbette bu kişi de Mark'tır. Sürekli devreder, fırsatlar verir ve önderlik için başkalarını donatır.

YETKİYİ PAYLAŞTIRMANIN YOLLARI

Sevgili okuyucu, evde, işyerinde, Pazar okulunda, küçük grupta, kilise ötesi hizmette, arkadaşlık içerisinde ya da herhangi bir yerde olsun, öğrenci yetiştirme işinizde yetkiyi paylaştırmanın nasıl görüneceğini çözmeyi size bırakıyorum. Ama Mark'ın kendi baş pastörlük görevi içerisinde yaptığını

117

gördüğüm bazı şeyleri (onun ortaya koyduğu örneği emir kipine dönüştürmüş olsam da) sıralamama izin verin. Buradaki amacım Mark'ı yüceltmek değil, ancak (Pavlus'un kendisi için de söylediği gibi) kendisinin Mesih'i örnek aldığı gibi onu örnek almaktır. Ayrıca umarım şunu keşfedersiniz: Öğrenci yetiştirme işi, bu kitapta da odak noktası olan bire bir ilişkilerden daha fazlasıdır. Öğrenci yetiştirme, nihayetinde, bir yaşam biçimidir ve başkalarıyla yaşamanın bir yoludur. *Bir fırsat ihracatçısı* olmak için tüm etkileşimlerinizi yapılandırmakla ilgilidir. Aşağıda, herkese yönelik italik olarak yazılan sorularla birlikte, bir pastörün bunu nasıl yapabileceğine bakacağız:

- Kiliseyi Müjde'nin üstüne kurun. Öğreten kim olursa olsun, en önde ve merkezde Müjde olmalıdır. Pastör Mark bu düzeni kurdu. İlişkiler ve güç yapıları Müjde temelli olduğunda, insanlar yetkilerini birbirlerine üstünlük kurmak için değil, birbirlerine hizmet etmek için kullanırlar (Mat. 20:25-28). *Siz öğrenci yetiştirme ilişkinizi Müjde üzerine mi bina ediyorsunuz yoksa, performans üzerine mi?*

- Kilise çalışanı (maaşlı personeli) olan ve olmayan ihtiyarlar ihtiyarlardan oluşan bir ihtiyar çoğulluğu kurun. Tamamı *kilise çalışanlarından* oluşan bir ihtiyarlar grubunda herkesin bir oy hakkı olsa da, kilise çalışanı olmaları nedeniyle bir hiyerarşi oluşabilir. İhtiyar heyetine kilise çalışanı olmayan ihtiyarları da eklemek bu hiyerarşiyi bozar ve düzleştirir. *Başka kişilere resmi sorumluluklar veriyor musunuz? Uzmanlığınız ve yetki alanınız dahilindeki konularda dışarıdan gelen öğütlere kulak veriyor musunuz?*

Sonuç

- İhtiyarların oylarını kaybetmeye razı olun. "Hiç oy kaybetmeyen" bazı baş pastörler duydum. Eğer durum buysa, ihtiyarlara hiç ihtiyacınız yok demektir. Bu, onların önderliğini yok saymak olur. *Kararların her zaman sizin istediğiniz şekilde mi olması gerekiyor?*

- Ana vaizin vaaz süresini sınırlayın. Mark ihtiyarların onayıyla, vaazlarını Pazar sabahlarının yüzde 50 ila 65'i kadarıyla sınırladı. Bu şekilde diğer seslerin de gelişme ve yetki kazanma fırsatı olur. Topluluk tek bir kişiden ziyade, Söz'e bağımlı olur. *Yetiştirdiğiniz birine sahneyi paylaşması için bir şans veriyor musunuz?*

- Öğretmek için daha fazla fırsat yaratın. *Başkaları için sürekli olarak hizmet fırsatları yaratmaya çalışıyor musunuz?*

- Genç öğretmenlere hata yapma hakkı tanıyın. Bir öğretmenin ya da vaizin uygunsuz bir şey söylediği için bir daha öğretmemesinin istendiği bir iki vakayla karşılaştım. Ama genel olarak, genç öğretmenlerin kilisemizde sıkıcı olmaları ve hata yapmaları için bolca özgürlükleri olur. Kilisemiz Pastör Mark'tan ziyade Söz'e bağımlı olduğundan, bu genç adamlar için bolca sabırları vardır. *"Tek bir hatada kovulursun!" tarzında bir yetiştiren misiniz, yoksa kişilere acemilik hataları yapma şansı veren mi?*

- Başkalarının düşüncelerinizi çalmalarına izin verin. Mark kilisedeki diğer öğretmenlerin onun örneklerini alıp uyarlamalarına, en iyi cümlelerini ödünç almalarına ve mesajlarını taklit etmelerine rahatça izin vermektedir. *Her zaman övgüyü alan siz mi olmalısınız?*

- İhtiyar toplantılarında konuşmakta yavaş olun ve az konuşun. *Lokanta seçmekten karmaşık bir ahlaki konuyu tartışmaya kadar her konuşmada son sözü siz mi söylemelisiniz?*

- İhtiyar toplantılarında veya üye toplantılarında vekil

olmayın. Bir başkasına hem gündemi belirleyen hem de toplantıyı yöneten vekil olma fırsatını vermek, yetkiyi paylaştırmanın kolay bir yoludur. *Her zaman kral mı olmalısınız, yoksa kralı belirleyen olmaktan da keyif alıyor musunuz?*

- Üye toplantılarında zor konularda diğer ihtiyarların topluluğa önderlik etmelerine izin verin. Kilise disiplini vakalarında, büyük finansal kararlarda ya da başka zorlu konularda topluluğa önderlik etmeye en uygun kişi, o konuyla en ilgili kişi olabilir. *Ruh'un Mesih'in bedenini farklı armağanlarla donattığının, bedenin her parçasının gerekli olduğunun ve tüm bedene bağlı olduğunuzun derinden bilincinde misiniz? Diğer kişilerin uzmanlıklarını ve güçlü yanlarını size bahşetmeleri için sürekli olarak onların yardımını aramanızla, önderliğiniz ve öğrenci yetiştirişiniz bu bilinci yansıtıyor mu?*

- Kilisede tek bir şeye kendinizi verin ve diğerlerine özgürlük tanıyın. Mark kendisini tam anlamıyla vaazları hazırlamaya adamıştır ve hemen hemen diğer her konuda serbestlik tanır. Eğer kilisenizin belli bir alanda daha fazla harekete geçtiğini görmek istiyorsanız, size bu konuda önderlik etmeniz için özgürlük tanır ve ellerini o konudan çeker. Bu, diğer doğal önderlere öne çıkma fırsatı verir. *Sizde olmayan güçlü yanlardan ve yeteneklerden zevk alıyor musunuz ve başkalarını bu noktalarda teşvik ediyor musunuz? Yoksa sadece trampet kısmıyla ilgilenen ama telli çalgılar kısmından hiç zevk almayan ve onları teşvik etmeyen bir trampet çalgıcısı mısınız?*

- Tüm detayları kontrol etmeye çalışmayın. Örneğin, görevlilerin toplantılarda ve ibadetlerde zamanında bulunduklarından emin olmak gibi, Mark'ın tüm detaylarıyla yönetmeye çalıştığı birkaç şey vardır. Ama neredeyse diğer hiçbir konuda böyle yapmaz. Tüm detayları kontrol etmeye çalışmak sadece önderi yormakla kalmaz, aynı zamanda başkalarının inisiyatifini de sınırlar. *Bir işi daha iyi yapabileceğinizi bildiğiniz halde, o işi başkalarının yapmasına ve tamamlamasına izin veriyor musunuz?*

- Eleştiri almaya istekli olun. Mark eleştiriyi teşvik ederek örnek olur. Bu, önder olmak isteyen diğerlerinin de eleştirilere açık olmasını sağlıyor. Eğer hiç eleştiri almıyorsanız, etrafınızdaki herkese şunu öğretiyorsunuz: ya sizin tercihlerinize uyacaklar ya da cezalandırılacaklar. Böyle bir ortamda önder yetişmez. Ya sinerler ya da ayrılırlar. *Eleştiri alma konusunda davetkâr mısınız? İnsanlar cevap verdiğinde, "teşekkür ederim" mi diyorsunuz, yoksa tartışıyor musunuz?*

- Diğer kiliseler ve mezhepler için dua edin. Diğer kiliseler ve mezhepler için herkesin önünde dua etmek kabileciliği yenmeye ve kilise önderlerinden ziyade Müjde'ye odaklanmaya yardımcı olur. Bu da kilisedeki diğer potansiyel vaat eden önderlerin öncelik olarak Müjde'yi görmesini sağlar. *Sizinle aynı amaçların peşinden giden diğer kişilerin ve takımların işlerini teşvik ediyor musunuz? Yoksa sizin için her şey kazanmaktan mı ibaret?*

- Affetmekte çabuk olun. Mark tanıdığım en hızlı affeden kişilerden biri. Aksi takdirde, hata bulmaya odaklı birinin yetkisinden feragat etmesi zordur. Eğer başkalarının sadece hatalarını görüyorsanız, kimseye güvenemez, bir şey emanet edemezsiniz. Ama çabuk affeden biriyseniz, başkalarına güvenmeyi ya da onları güçlendirmeyi daha kolay yaparsınız. *Affetmekte çabuk musunuz? Yoksa insanları kolayca defterden siliyor musunuz?*

ÖGRENCİ YETİŞTİRME

- Başkalarının zaferlerine sevinin. Hep golü atan kişi mi olmaya çalışıyorsunuz, yoksa pas vermekten de mutlu oluyor musunuz? Mark kendi zaferleri kadar başkalarının zaferlerine de sevinir. Eğer bir başkası o işi yapabiliyorsa, onun yapmasını tercih eder. Bu ona başka bir şey yapabilmesi için alan açar. *Ne sıklıkla ağzınızdan teşvik edici sözler çıkıyor? Özellikle sizinle aynı yetkinlik alanında olduğunda, ne sıklıkla başka birisinin performansını tebrik ediyorsunuz?*

Dediğim gibi, bu örneklerin ve soruların hepsi bire bir yetiştirme ilişkisine uyarlanamaz. Bundan ziyade, genel bir duruşa ve yaşam biçimine işaret eder. Bu duruş da şudur: "Tanrı bana zaman ve yetenek verdi ve ben de zamanımı ve yeteneğimi başkalarını donatmak ve güçlendirmek için en iyi şekilde kullanacağım. Yalnızca kendi bahçeme bakmayacağım. Başkalarının kendi bahçelerine bakmasına da yardım edeceğim." Sonuçta, hangisi daha güzeldir? Güllerinizle dolu güzelce korunmuş sekize sekiz bir bahçe arsası mı? Yoksa sizin güllerinizle, birinin laleleriyle, bir başkasının papatyalarıyla, ötekilerin begonvilleriyle, zambaklarıyla, süsenleriyle, ortancalarıyla, karanfilleriyle ve çok daha fazlasıyla dolu sekize sekiz bahçelerden oluşan bütün bir desen mi?

YETKİYİ PAYLAŞTIRMAK KİLİSE KÜLTÜRÜNÜ NASIL ŞEKİLLENDİRİR?

"Baştaki" önderin, gönüllü ihtiyarlara ve kilisedeki diğer kişilere cömertçe yetki vermesiyle tanındığında ne olacağını düşün. Bir kilisenin üyelerinin tümü, fırsatlar ihracatçısı olmak için çalıştığında ne olacağını düşün. Başkalarına yetki vermek için öğrenci yetiştirme ilişkilerinizi kullandığınızda ne olacağını düşünün. Ne olur? Kilisenin kültürünü türlü türlü harika yolla şekillendirir. Yukarıda bahsettiğimiz güzel bahçelerden oluşan o bütün deseni eker ve besler. Özellikle,

1. Müjde'yi en üstte tutmaya yardımcı olur. Yetkiyi paylaştırmak kilisenin gözlerinin öndere değil, Müjde'nin amaçlarına odaklı kalmasını sağlar.

2. "Gerçek" ilişkileri destekler. Yetkinin kıskanç bir şekilde sıkıca tutulduğu yerlerde, ilişkiler de siyasi ve stratejik bir hâl alır. Herkes gardını yukarıda tutar, kimse hassas ve yumuşak yanlarını göstermez ve şeffaflık azalır. Ama insanlar güçlendirildiklerini (yetkilendirildiklerini) hissettiklerinde, şeffaf ve dürüst olmaları daha muhtemeldir.

3. Kiliseyi kabilecilikten korur. Devamlı yetkisini başkalarıyla paylaşan birisi, kim önderlik ederse etsin, etrafındakilere esas kaygısının Müjde'nin başarısı olduğunu göstermiş olur (bkz. Flp. 1:12).

4. Kilise üyelerini kaynakları paylaşmaya teşvik eder. Önderin bencil olmadığını gördüğümde, ben de başkalarına karşı verici olmaya daha yatkın olurum.

5. Doğal sosyal hiyerarşileri yok eder. Üyeler birbirlerine eşit insanlar olarak davranırlar. Neden? Çünkü merkezde Müjde vardır. Hepimiz lütufla kurtulmuş günahkârlarız. Ayrıca Mark hiçbir ayrıcalığını başkalarına üstünlük kurmak için kullanmaz. Bu da bir örnek alışkanlık yaratır.

6. Güveni besler. Önderlerin bencil olmadıklarını gördüğümde, onların niyetlerine de daha çok güvenirim. Bu, benden bir fedakârlık yapmamı istedikleri durumlarda dahi geçerli.

7. Öğretilebilirliği ve eleştiriye açık olmayı besler. Aynı şekilde, benim üstümde olan (resmi ya da gayri resmi) birisine güveniyorsam, benimle ilgili yaptığı eleştirileri dinlemeye daha istekli olurum. Çünkü bunun üstünlük sağlama çabasından değil, sevgiden kaynaklandığına inanırım.

8. Affetmeye istekli olmayı teşvik eder. Önder kişi diğerlerinin hatalarını çabuk affederse, diğerleriyle yetkisini paylaşmaya daha istekli olur. Bu, başkalarının da aynısını yapmasına yardımcı olur.

9. Kiliseyi eğitime açık olmaya teşvik eder. Pastörün devamlı başkalarını eğitmeye ve güçlendirmeye gayret ettiğini gören bir kilisenin bu vizyonu benimseyip paylaşmaması zordur. Çünkü bütün meyveleri görürler.

10. Kilisenin dışa dönük olmasına yardım eder. Önderler yetiştirme ve onları gönderme süreci, kilisenin amacının sadece kendi evimizi en iyi hale getirmek değil, diğer evlerin de daha mutlu ve sağlıklı olmasına yardım etmek olduğunu topluluğun anlamasına yardımcı olur.

Elbette, yetkiyi devretme başarısız ya da tembelce yapılabilir. Devretmenin iyi bir şekilde yapılması için bilgelik gerekir. Mesele yüreğimizin duruşudur: başkalarının yetki kazandığını görmekten mutlu mu oluyoruz, yoksa başkaları bizim yetkimizi almasın diye korkuyla bu yetkiyi koruyor muyuz? Eğer duruşumuz ilki gibiyse, bu yetkiyi yaymak için ne yapıyoruz?

Yetkiyi paylaştırırken yetkiyi kullanmak konusundaki en yüce örneğimiz, Tanrı'dan başkası değildir. Bunu özellikle de İsa Mesih'te görmekteyiz. Tanrı, Adem'i kendi suretinde yarattı ve başına yücelik ve onur "tacını" koydu, her şeyi ayaklarının altında serdi (Mez. 8:5–6). Sonrasında kendisine bir halk çağırmak üzere gökteki ve yerdeki tüm yetkiyi Mesih'e verdi (Mat. 28:18; krş. İbr. 2:6–8). Sonrasında Mesih bu halka –yani bize– O'nun hükümranlığını paylaşabilmemiz için öğrenciler yetiştirmeyi buyurdu. Şaşırtıcı şekilde, Kutsal Kitap kurtulmuş insanların Tanrı'*yla birlikte* egemenlik süreceği ifadesini kullanmaktadır (2.Ti. 2:12; Vah. 20:6 – kelimesi kelimesine söyleyecek olursak, "birlikte krallar olmak").

Eğer Mesih sevinç uğruna bizimle hükümranlığını paylaşıyorsa, biz de hükümranlığımızı başkalarıyla paylaşmaktan ne kadar büyük sevinç bulacağız sizce? İşte bence, öğrenci yetiştirmenin kalbi budur: hükümranlığını paylaşmak. Peki bunun sonucunda ne olacak? Yaratan ve kurtaran Tanrı'nın sevincini tadacağız.

9Marks

Sağlıklı Kiliseler İnşa Etmek İçin

9Marks hizmeti, kilise önderlerini Kutsal Kitap'a bağlı bir vizyon ve kullanışlı kaynaklarla donatmak amacıyla, Tanrı'nın yüceliğini sağlıklı kiliseleri kullanarak dünyadaki bütün uluslara yansıtmak için kurulmuştur.

Bu doğrultuda, kiliselerde şu dokuz sağlık işaretini görmek istiyoruz:

1 Açıklayıcı Vaaz

2 Müjde Öğretisi

3 Kutsal Kitap'a Dayalı Mesih'e Dönme ve Müjdeleme Anlayışı

4 Kutsal Kitap'a Dayalı Kilise Üyeliği

5 Kutsal Kitap'a Dayalı Kilise Disiplini

6 Kutsal Kitap'a Dayalı Öğrenci Yetiştirme ve Büyüme Arzusu

7 Kutsal Kitap'a Dayalı Kilise Önderliği

8 Kutsal Kitap'a Dayalı Dua Uygulaması Anlayışı

9 Kutsal Kitap'a Dayalı Müjde Hizmetleri (Misyon) Anlayışı ve Uygulaması

9Marks'da bizler makaleler, kitaplar, kitap eleştirileri ve online makaleleri yayınlıyoruz. Web sitemiz çeşitli dilleri kapsıyor. Diğer dilleri görmek için lütfen şu linki ziyaret edin:

9marks.org/about/international-efforts

Türkçe: tr.9marks.org | İngilizce: 9marks.org